城市文化简论

朱瑾　王军　编著

中国建筑工业出版社

图书在版编目（CIP）数据

城市文化简论／朱瑾，王军编著．—北京：中国建筑工业出版社，2020.9
ISBN 978-7-112-25312-8

Ⅰ.①城… Ⅱ.①朱…②王… Ⅲ.①城市文化－教材 Ⅳ.①C912.81

中国版本图书馆CIP数据核字（2020）第121482号

  这是一本剖析城市文化含义、展现城市文化现象、探讨城市文化传承的书。首先，通过回顾城市的产生，梳理了城市文化的内涵、要素及其结构；其次，概括了城市文化的特征、功能和类型；继而列举中西方代表性城市，阐述了不同文化背景下的城市文化特色；最后，从原则、内容、趋势等方面探讨了城市文化遗产保护问题。本书适用于文化产业管理专业、城市管理专业、公共管理专业、城市规划研究等人员阅读使用，同时，也适用于高校师生和对城市及城市文化感兴趣的读者。

责任编辑：吴　绫　张　华
文字编辑：李东禧
书籍设计：锋尚设计
责任校对：王　烨

城市文化简论
朱瑾　王军　编著

*
中国建筑工业出版社出版、发行（北京海淀三里河路9号）
各地新华书店、建筑书店经销
北京锋尚制版有限公司制版
北京市密东印刷有限公司印刷
*
开本：787×1092毫米　1/16　印张：13　字数：253千字
2020年9月第一版　2020年9月第一次印刷
定价：48.00元
ISBN 978 - 7 - 112 - 25312 - 8
　　　（36063）

版权所有　翻印必究
如有印装质量问题，可寄本社退换
（邮政编码100037）

前　言

根据联合国人居署的统计数据，世界城市人口于 2008 年首次超过了农村人口。据预测，到 2030 年，全球将有 60% 的人居住在城市中。就世界范围而言，我国正在经历人类历史上规模最大、速度最快的城市化浪潮。当前，我国城市化水平已超过 50%，在未来的 10~20 年，我国城市化水平将达到 70%~80%。这意味着还会有数以亿计的人口从乡村涌进城市。《2018 年城市建设统计年鉴》数据显示，目前我国城区人口超过 300 万的大城市有 29 个，超过 500 万的特大城市有 15 个，超过 1000 万的超大城市有 6 个。实践证明，城市在诸多方面推动了人类文明的进步，但也带来了社会、环境、资源、文化等方面的问题。就文化而言，我国的城市文化建设正面临着信息化、全球化带来的新形势，也面临着城市文化特色缺失、城市文化传承不利、城市文化环境"污染"等现实问题。

城市是国家或地区经济社会发展的中心和文化的集中体现，城市本身就是一种文化，城市在其形成和发展的过程中，成为人类文化组成部分中最积极、最辉煌、最具有创造力的成分和智慧的结晶。城市是文化的积淀和载体，是文化振兴的舞台。文化是人类在社会历史发展过程中所创造的物质财富和精神财富的总和，是城市的灵魂。文化决定了一座城市的品质，文化塑造了一座城市的精神，文化存储了一座城市的记忆。当今社会，城市文化越来越成为一个地区自信力、凝聚力和创造力的重要源泉，成为城市竞争力的重要因素，成为城市人民期待、追求和努力去营造的美好愿望，成为城市科学发展的精神支柱和强大的内在力量。未来城市可持续发展的竞争，不仅是经济社会发展实力的竞争，也是文化实力和生态环境的竞争。因此，研究城市文化的现状以及对城市发展的影响就显得非常必要且十分重要。

此外，城市文化也是文化产业管理、城市规划等专业不可或缺的教学内容。本书就是在这样的背景下，基于作者的研究经历和承担"城市文化概论"课程教学的经验，并借鉴前人既有研究而完成的一份阶段性成果。本书从城市的产生、中西方城市历史概况谈起，以城市文化的要素、城市文化的特征、城市文化的类别和城市文化的作用为主线展开，重点阐释了我国古代都城的城市文化与建筑文化、西方城市的历史脉络与文化现象，最后探讨了城市文化遗产保护相关问题。本书的内容和体系力求在以下三个方面有所突破：一是从整体上较为系统地阐述和评析城市文化的内容、现状以及未来发展趋势；二是通过图片较为形象地展示城市文化的历史演变和风貌特色；三是通过对城市文化遗产保护的描述与评析，深刻解读"发展"与"保护"之间的矛盾，探讨城市文化未来走向。通过这三方面的阐述，既可以让读者了解城市文化的基本知识，也可以引发对城市文化相关问题的思考，从而进行更加深入的研究。

本书适合高等学校文化产业管理、公共事业管理、城市管理、城市规划等专业的本科生、研究生使用，也可供对城市文化感兴趣的读者阅读参考。

目 录

前言

1 第一章
城市的产生与城市文化的内涵
001

第一节 城市的产生　　　　　　　　002
一、城市是人类文明的产物　　　　　　002
二、城市产生的原因　　　　　　　　　003
三、建造城市的目的　　　　　　　　　004

第二节 城市文化的内涵　　　　　　005
一、城市的成长过程　　　　　　　　　005
二、城市文化的内容　　　　　　　　　006
三、城市文化的本质　　　　　　　　　009

第三节 古代中西方的城市历史　　　011
一、古代中国的城市历史　　　　　　　012
二、古代西方的城市历史　　　　　　　013

2 第二章
城市文化的要素、结构与形成过程
015

第一节 城市文化的要素　　　　　　016
一、城市文化的核心要素　　　　　　　016
二、城市文化的精神要素　　　　　　　016
三、城市文化的社会要素　　　　　　　016
四、城市文化的行为要素　　　　　　　017
五、城市文化的空间要素　　　　　　　017
六、城市文化的自然要素　　　　　　　017

第二节　城市文化的结构　　　018
一、文化结构　　　018
二、城市文化结构　　　018

第三节　城市文化的形成过程　　　020
一、人类聚落演进推动城市文化的形成　　　020
二、脱胎于乡土文化的城市文化　　　023

3
第三章
城市文化的特征及功能
025

第一节　城市文化的特征　　　026
一、城市文化特征的范畴　　　026
二、城市文化的特征　　　029

第二节　城市文化的功能　　　033
一、《城市文化北京宣言》　　　033
二、城市文化的功能　　　035

第三节　城市文化与城市规划　　　040
一、传统城市文化与城市规划　　　040
二、当代城市文化与城市规划　　　042
三、基于城市文化的规划设计方法　　　042

4
第四章
城市文化的类型
045

第一节　城市建筑文化　　　046
一、建筑与城市　　　046
二、建筑的文化内涵与差异　　　046
三、城市建筑的文化特征　　　049
四、古都西安当代建筑的文化求索　　　058

第二节　城市生态文化　061
一、城市生态发展的历史演变　061
二、城市生态文化建设的要求　065

第三节　城市大众文化　070
一、城市大众文化的特征　071
二、城市大众文化的几种主要形式　071

第四节　城市教育文化　073
一、教育是城市文化的基石　073
二、基础教育促进健康发展　074
三、大学教育引领文化振兴　075
四、职业教育应对社会需求　076

第五节　城市传媒文化　077
一、传媒与城市的关系　077
二、传媒与城市文化的关系　077
三、城市传媒文化的功能　078

第六节　城市休闲文化　079
一、城市休闲文化产生的背景和条件　080
二、城市休闲文化的主要形式　081
三、城市休闲文化产业的现状及其影响　082
四、城市休闲文化引发的思考　083

第七节　城市文化的其他形式　085
一、体育文化　085
二、校园文化　086
三、企业文化　086
四、家庭文化　086

第五章　中国古代都城及其建筑文化　087

第一节　中国古代都城的文化理念　088
一、中国文化的理念及其结构　088

二、中国古代都城的文化理念　　089

第二节　中国古代都城的选址及规制　091
　　一、选址：多种因素，综合考量　　091
　　二、规制：方九里，旁三门　　092
　　三、街道：九经九纬，经涂九轨　　093
　　四、分区：尊卑有别，主从有序　　095

第三节　中国古代都城建筑的文化特征　096
　　一、建筑的文化含义　　096
　　二、中国古代都城建筑的文化基础　　098
　　三、中国古代都城建筑的文化特征　　099

第四节　都城宫殿建筑文化　103
　　一、宫殿建筑中的"殿"与"堂"　　104
　　二、宫殿建筑的神圣性及其表现手法　　104

第五节　都城民居建筑文化　110
　　一、民居建筑的文化内涵　　111
　　二、四合院民居的建筑布局　　113
　　三、四合院的秩序性与仪式性　　117

6 第六章
世界城市文化发展及启示
121

第一节　欧洲古代城市文化　122
　　一、欧洲古代城市文化及其表现　　122
　　二、欧洲古代城市文化的公共精神　　125

第二节　现代城市理念的形成及其应用　127
　　一、现代城市理念的形成　　127
　　二、现代城市理念的应用　　129
　　三、世界城市集群的崛起　　146

第三节　城市质量评价与发展共识　148
　　一、城市质量的评价标准　　148

二、汽车社会——理性与需求的博弈　　152
三、关于城市发展的国际共识　　155

7 第七章 城市文化遗产保护
159

第一节　文化遗产及其保护历程　　160
一、文化遗产概述　　160
二、文化遗产保护历程　　164
三、文化遗产保护的意义　　167

第二节　文化遗产保护的基本原则　　169
一、真实性原则　　169
二、完整性原则　　171
三、低干预原则　　173
四、永续性原则　　173

第三节　城市文化遗产保护的内容　　174
一、城市文化遗产的价值　　174
二、城市文化遗产保护的含义　　175
三、城市文化遗产保护的内容　　176

第四节　城市文化遗产保护的趋势　　184
一、文化遗产保护的内涵不断深化　　184
二、城市文化遗产保护外延的拓展　　185
三、城市文化遗产的合理利用　　188

参考文献　　191
后记　　193

第一章 城市的产生与城市文化的内涵

城市作为一种复杂的经济社会综合体，有着逐渐演进的过程，其形成必然经过一段漫长的历史发展时期。城市的成长历史就是人类成长浓缩的历史。在城市成长的历史进程中，凝聚了人类社会各个时代的思想、技艺、劳动和创造的最高成就，人们为了军事、经济、宗教、文化、政治等各种目的，以城市的形式集聚在一起，同时也为了寻求梦想，为了享受更高的文明果实而建造起了城市。人们在城市中建立起了新的社会以及新的社会关系；人们将城市建设成有着宽阔街道、巍峨楼宇、色彩斑斓、生活舒适、文化多样的文明园地。城市成了人类政治民主和社会进步的聚焦点、经济发展的发动机、文化繁荣的中心点和思想策源地——人们所创造的无数精神智慧和劳动果实在城市中得到完好的聚集融合和保存积累，人们的思想、知识在城市中集散、交流、传播和再生产，人们创造的财富、信息在城市集合、发散。

第一节　城市的产生

一、城市是人类文明的产物

城市是人类文明进步的标志，是生产力发展到一定阶段的产物。它是人类的聚居地，是一个国家和地区的政治中心、经济中心，更是文化的集中地和发源地。城市由聚落演变而来，或者说城市的雏形由乡村发展而来。

第一种观点认为，城市诞生于9000年前的以色列，在约旦河注入死海北岸的杰里科（Jericho），考古发现了距今约9000年的人类聚落，且已具备城市的雏形。那里堆积有从中石器时代到青铜器时代晚期厚达17层的文化层，遗址范围达4万平方米。《圣经》中称其为"棕榈之城"，曾经繁荣一时。从第17层发现围绕居住址有厚1.5米、高9米的围墙，并有瞭望塔，居住有约2000人。

第二种观点认为，世界上最早的城市产生于8500年前，是位于土耳其的加泰土丘（Catal Huyuk），占地32英亩，能容纳大约5000～10000人，它与乡村相比，有着特殊的物理结构和复杂的物质文化。在这里，发现了最早的烧制陶器、纺织布料、泥土砖块和一些古老的金属器具，还有由黑曜石制成的人类历史上的第一面镜子，以及画着人物、动物和鸟类的壁画。在举行仪式用的房间的墙壁上，还发现了保留着完整头骨的公牛雕刻品。从许多方面来看，加泰土丘已经具有了城市的特征。

第三种观点认为，真正的城市却是在加泰土丘消失3000年后，即大约5500年以前，在美索不达米亚山谷出现的。美索不达米亚山谷中的这些城市有上万人口，还有国王、奴隶、高水平的艺术、战争、文字、大规模的森林砍伐、抽象的科学以及广袤的农田和奇异的建筑。①

城市是人类生产不断发展的必然产物，生产的发展带来了人口的集聚，人口的集聚又带来了人类生产方式、生活方式、文化思想的巨大变革。亚里士多德说过，"人们为了生存聚集于城市，为了美好的生活居留于城市"。从旧石器时代算起，人类已经有了数百万年的历史，在漫长的原始社会，人类为获取食物、求得生存不得不与自然抗争，人类从事采集、渔猎，后来是农业、畜牧业，从而导致了固定居民点——村落的产生。随着剩余产品的出现，手工业和商业开始从农业中分化出来，有了剩余产品，就有了私有财产，人类社会出现了阶级分化。商品交换的出现和奴隶主阶级防御

---

① 〔美〕理查德·瑞吉斯特.生态城市——建设与自然平衡的人居环境.王如松，胡聃译.北京：社会科学文献出版社，2002：70-71.

的需要，导致了城市的出现。"市"，指进行商品交易的场所；"城"，指有四周垣墙具有抵御作用的城郭。"城"、"市"相互融合，称为"城市"，《现代汉语词典》对"城市"所下的定义为"人口集中，工商业发达，居民以非农业人口为主的地区，通常是周围地区的政治、经济、文化中心"。[1]当然，城市的真正内涵十分复杂，人们通常只能针对其某个方面做出解释。

据记载，我国夏代就产生了城市。目前人们能从地面上看到的最早的城市，是距今3600年前的郑州商城遗址（图1-1-1）。从复原图看，郑州商代的城池已达到相当规模，是一座具有内城、外郭和完整防御功能体系的建筑。包括城郭区在内，郑州商城遗址总面积达25平方公里，内城城墙呈规则的长方形，周长约7公里，城中有宫殿、平民住宅区，有铸铁、制骨、制陶等手工业作坊，还有农业居住点，也有一些墓葬区。整座城市依三条河流而建，手工业作坊相对集中。郑州商城遗址至今还保留着约3公里长的夯土城墙。

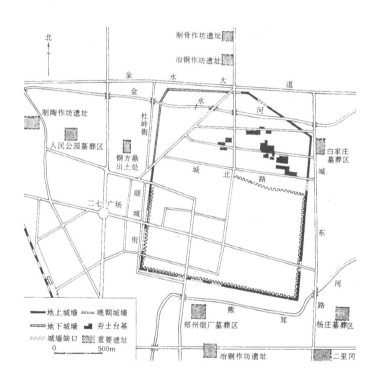

图1-1-1
郑州商城遗址复原图（来源：《中国古代城市规划史》）

二、城市产生的原因

关于城市产生的原因，主要有市场决定、地理环境决定和功能决定等几种解释。市场决定是指人们基于交换剩余劳动产品的目的而自然推动产生的城市。"市井"一词中的"市"本来就是"集市"之义，"井"则多是满足人的基本生活需求的聚集点。地理环境决定城市产生的原因比较复杂，从文化

---

[1] 现代汉语词典（第5版）.北京：商务印书馆，2007：176.

地理学的角度来说，凡旅途驿站、客舍、馆驿、酒肆位置，一般多为路途中适度距离上的节点，较易演化为城市或集镇；还有水陆交通的控制点，阻隔点，转换点，交汇点和物资集散点，以及拥有丰富食物来源的产粮区，水源地，高地（以避水灾、方便观察外来者进入和防止动物侵害），或有河、湖等天然屏障保护的地点，都是适宜城市产生的重要节点；再如不同地域、不同文化习俗、不同民族聚居点的交界处，或地理位置优越的中心点、文化中心、资源地周边等，也是产生城市的适宜地点。[1]功能决定城市产生的原因，其中所包含的人文因素较多，可分为军事要塞因素、祭祀宗教中心因素和行政中心因素等。军事的目的最为直观，在冷兵器时代，构筑城墙是非常有效的防御措施，墙栅以内先是作为屯集士兵的据点，后来就演化成了城市。除去军事目的，也有为了祭祀方便的目的，便于集中操作和行使统治权力的政治目的。

从城市成长过程的本质去考察，城市作为权力操控中心和特定地域范围的地理枢纽控制点的因素，是催化城市产生的最关键因素，这一因素所产生的效应，即我们通常所说的城市意象，也就是城市建设的理念性，要超越其他的诸如经济交换、生产中心的影响效应。历史上中国古代城市多为地域行政中心，大多有着很强的政治象征性，如元、明、清三代的首都北京城就以高度的和谐性、严整的中轴线和气势恢宏又井然有序的空间形象序列的表现手法，实现了理念和实践的高度统一，其实现精神理念需求的能力一直为后人所称道。再比如美国首都华盛顿简洁大方的政治首都形象，美国纽约、日本东京的国际超级都会和世界经济中心形象，中国香港的国际交流中心形象，法国巴黎的文化汇聚、时尚之都形象，英国伦敦厚重高贵的历史感，都是让人能够一眼识别并铭记在心的城市意象，这些城市意象的形成与人类建造城市的目的都是密不可分的。

三、建造城市的目的

人类最初建造城市的目的是多样的，但首要因素一定是由于生产的发展需要有足够密度的人群聚集，才能完成更为复杂的、大量的和多样化的产品。由于人群的高度集聚，所以必须有集约化的居住形式，有为密集人群服务的相关生活服务设施和人员。同时，由于生产能力和技术的提高、机器设备的不断改进、劳动生产率的提高，以及生产资料占有者和劳动者之间的不断斗争，人们的劳动时间呈现不断缩短的趋势，人们闲暇时间的增加，

---

[1] 陈立旭. 都市文化与都市精神——中外城市文化比较. 南京：东南大学出版社，2002：18-19.

为文化学习、文化鉴赏活动和休闲娱乐活动提供了条件。这样的社会变迁使得城市形态发生了显著的变化，必须满足更大人群的高密度聚集的需要。从乡村社会到城市市民社会，人们原本相对简约、单一、直线型和平面化的社会生活需求和生产生活方式，由于城市的社会组织方式、人口就业择业方式、人口聚集密度的根本改变，都会在城市的发展过程中被剧烈地改变和重构。城市特有的生活、生产方式必须要保障其居民的自由表达意志和自由择业的权利，为他们提供舒适的生活，建设大型公共场所，提供文化享受；城市居民会从不同文化区域，带来不同的文化习俗、文化理念和文化产品，会在城市市民社会中发生碰撞、交融和重构，城市必须将这些文化融合在一起；城市的政治制度、社会活动、公共设施、楼堂房宇、文化习俗，都必须能够完好地适应文化的差异和各色人群的文化需求；城市的公共生活内容、社会制度形式、服务功能、环境艺术装饰，都必须能够满足更广大人群的多样性、复合性需求，而所有这些都成为人们打造城市公共性的根本依据，也是城市文化创造、丰富、享用和延续的动态活动。可见，人类营造城市的历史就是城市文化发展的历史，是人们将精神和体力劳动用于城市建造，营造既是审美的，也是功用的城市的历史。[①]

第二节　城市文化的内涵

一、城市的成长过程

城市的发展进程，从人口集散规律和效应方面考察，大约经历了三个阶段，并同时产生了与之相适应的城市文化。

第一个阶段是城市自然成长时期，这一时期属于自然状态的简单聚集阶段，即围绕军事要塞、政权核心、神权核心聚拢人群；同时随着农业和渔猎业生产的发展，人们由于需要集市型交易场所而向贸易核心集聚。这一阶段一直持续到欧洲工业革命才

---

① 陈宇飞. 城市文化概论. 北京：文化艺术出版社，2008：3-4.

结束，而在未完成社会转型的国家，至今未能走过这一阶段。

第二个阶段是城市高速发展的城市化时期，即在工业革命和大规模贸易展开后，呈现为大规模状态的集约型聚集阶段［人类历史也曾经有过在聚居形态类似的城市化状态，如古罗马的亚历山大城，因其面积广达900公顷，而且有巨大的郊区护卫，人口多达数十万，因此有人称之为"迈加洛波利斯（Megalopolis）"，今天人们叫它"城市化地区"，但其实质与工业化以及在更大范围内发生发展的城市化进程并不是一回事，只是指一个人口高度密集的区域］。这一阶段城市发展水平迅速提高，城市化开始，各种人群在大规模生产发展的驱动下，离开原生的土地和居所，在更大的"能力范围"内流动起来，进而向城市、特别是作为生产中心的城市聚集，催生了功能各异的大小城镇，形成大大小小、星罗棋布的生产加工中心。这时整个社会开始加速转型，政治权力格局、经济运行方式发生了形态转换，社会利益格局、人们的生活方式、价值观念和文化生活也都发生了全面转型，并逐渐覆盖了乡村社会的传统方式，转而进化为适应城市文化形态的市民社会。目前很多发达国家已经完成了这一历史进程。

第三个阶段是在城市化进程完成后又呈现出"逆城市化"的弥散阶段，即发达国家城市已出现的郊区化趋向。随着集聚效应发展到高潮后，人口过度密集、交通拥堵、环境嘈杂、空气污染等问题开始严重阻碍城市的进一步发展，于是城市出现"崩解"现象，收入较高的人群开始离开城市中心地带，选择游离于繁华闹市区之外、环境质量较好的郊区居住；同时因为他们在市中心工作，造成居所和工作地点分离，加剧了资源浪费和交通压力，加大了城市基础设施成本，并再一次促使城市形态发生巨变。尽管近年来在一些较发达国家开始了新一轮的城市中心重建和"城市复兴"运动，但还远未形成规模。

纵观整个城市发展进程的三个阶段，无论从内容还是外部形态上看，在不同时期，不同的城市文化在不断生成，并产生了合乎地域风格、自然环境、生产模式和社会文化特征的模式，再延伸至城市外部形态、城市风貌、建筑形式、人文特征、社会活动方式，并且沿着"自己的方式"发展着、丰富着，汇聚形成独特的城市精神品质、性格、风貌。同时，随着人们交往的日益密切，城市间的相互影响和借鉴也在改变着彼此，之后又在这一过程中不断地重新发现自己，确认自身文化的价值，形成各自发展演变的规律。

二、城市文化的内容

城市既传承历史文明，又承载现代文明。城市在长期的发展中，经过积累、沉淀、改造和创新，必然形成特有的城市文化，并成为生成和支撑城市发展的内在力量。在城市中，文化被收集起来，放置在博物馆、图书馆、画廊，在剧场、音乐厅、戏院演绎着，并进行再加工，制成影音像成品，形成次生文化成果，变成系列化、规模化、批量化的文化产品，进入市场供人们消费和欣赏。因此，当我们从文化的视角来衡量城市的文明程度，研究城市文化时，城市文化不仅仅是指城市的文化基础设施、人的知识水平、受教育程度等，还包括人们在这个城市的社会实践中所创造的物质财富和精神财富的总和。当我们将城市文化区别于城市的政治、经济活动加以论述时，城市文化不仅包括城市建筑、雕塑、广场、公园、体育设施、历史文物、自然景观、文化传播网络等物质层面所体现的文化内容，还包括人们在城市的工作、生活中所创造的哲学、宗教、文化、艺术、科技、风俗等精神产品和精神生产能力，以及人们在城市生活中所表现出的思想观念、思维模式和生活方式。

法国学者斯宾格勒在《西方的没落》一书中有句名言："人类所有的伟大文化都是由城市产生的。"随着商品生产的发展和市场的扩大，促使专门从事商业活动的商人出现，从而引起工商业劳动和农业劳动的分离，并形成城市和乡村的分离。人类从乡村走到城市的那一天起，便开始创造属于城市的文化。从狭义上讲，城市所创造的富有文化内容的建筑、设施和所有精神文化产品、思想、观念、意识形态，包括城市所体现出的精神风貌、形象气质，城市民众的人文素质和生活方式，都是城市文化研究的内容。

（一）城市的构成要素：城市居民、城市建筑和城市环境

1. 城市居民

人们创造了城市，成为城市的主体，因此，城市的建设必然是为了满足城市居民的各种需要而进行。城市居民需要衣食住行，还需要生产、工作、学习、交往、休闲、娱乐、旅游等各种活动；需要物质文明，还需要社会文明和精神文明；需要自然属性，还需要社会属性；而城市的多功能性正是为了满足城市居民的多方面需要而日益发展、日趋丰富的。说到底，城市的最根本目的是满足人们多方面的需求，城市的建设与发展必须以人为本，创造适宜人们居住、工作、生活、学习、发展的活动空间和人文环境。

2. 城市建筑

建筑构成了城市的主要载体，城市居民的活动绝大多数时间都在不同的建筑物内进行，如住宅、学校、机关、工厂、商店等。随着社会的发展，建筑在尽可能满足人们对遮蔽物的功能需求、充分体现使用功能的同时，还集中展现着城市居民的社会观念、精神追求、生活情趣和审美取向，展现着城市的时代精神、心理素质、文化品位和民族特色。

3. 城市环境

城市环境是指人们在城市建筑物外的活动场所，包括道路、广场、公园、庭院、河流、山峦、森林等所有的城市空间。城市需要由钢筋混凝土构成的建筑物，还需要一个由街道、广场、园林、绿地、庭院以及山水组成的多样性、多层次、可持续发展的、符合城市居民需求的优美环境。城市有路，将城市的各个部分变成一个四通八达、能够密切和快捷联系的整体，就像人的骨髓一样，城市道路网系统支撑着城市有血有肉的肌体；城市有水，水不仅是城市生活、城市生产不可缺少的资源，而且能够滋养城市空气和居民心情，城市因而风情万种、魅力四射，人们因水而文明聪慧；城市有绿化，森林、园林、绿地、庭院，给城市带来生命的绿色，保持着城市的生态平衡，也为居民拥挤紧张的生活提供贴近自然、安抚心情、保持健康、提高舒适程度的居住环境；城市有动物，如鸟类、兽类、鱼类、昆虫等，给单调的日常生活带来丰富的生态环境，展现人与动物共存共荣、自然和谐的价值取向。

（二）城市文化的内容

城市文化的内容首先反映在物质层面上，如城市布局、城市道路、城市建筑、城市通信设施、住宅、厂房、广场、花园等，这些城市可感知的、有形的各类基础设施构成了城市文化的物质外形。这些物质现象应最先纳入城市文化的范畴，因为它是一个城市文化风貌的最生动、最直观、最形象的景观，体现着不同城市的历史和文化风格。北京的紫禁城和巴黎的凡尔赛宫，西安的大慈恩寺和米兰的大教堂，代表了东西方不同的历史文化内涵和迥异的民族气质。研究和考察城市文化在物质层面的体现是区别于其他文化的重要内容。

其次，城市文化的内容还反映在精神层面上，这是城市文化最主要的内容，包括一个城市的知识、信仰、艺术、道德、法律、习俗以及市民素质、生活方式和行为习惯。在城市的精神文化中，可分为有物质载体表现的能够记录、表现、保存、传递的文化，如书、报、刊、电视、广播、网络、舞台艺术等；还可分为以思想观念、心理状态等意识形态存在于城市居民大脑中的文化，如人们的观点、知识、行为习惯、思维方式等；就文化的投资和收益方式来分，可分为公益性文化、经营性文化；就文化形式来分，可分为产品文化、观念文化、活动文化；就文化生产主体来分，可分为专业文化、大众文化、休闲文化等。不同的城市有不同的历史背景和城市定位，因而形成了城市的特色文化。

无论是城市的物质层面还是精神层面，其文化形态都是城市文化研究的内容。在当今的全球化时代中，文化对城市健康发展的价值导向作用，作为精神价值观形成动力促进和推动社会进步的作用，作为智慧成果对于人和世界不断丰富的支持作用，促进文化经济社会一体互动发展的作用以及保障人民高品质生活内涵作用的重要性，已经日益为人们所重视，许多城市在发展中，已经不再将经济、社会层面的竞争作为根本诉求，而是将目标深入推进文化层面。上海市早在21世纪初对未来城市的发展定位中，就将文化建设放在重要位置，体现出城市的建设者和管理者对文化功能的深刻认知，他们认为"文化竞争力是城市综合竞争力的重要组成部分……就城市功能而言，一个现代化国际大都市不但需要有高度现代化的城市基础设施和国际服务功能，在生产、流通、消费领域具有显著优势，而且还必须拥有高度现代化的文化设施和文化服务功能，拥有高水平的大学、医院、图书馆、博物馆和各类科学、技术、文化研究机构，拥有发达的出版业、报业、影视传播业、娱乐业，在文化生产领域、文化服务领域、国际文化交流诸方面具有明显的国际地位……一个国际大都市不但是国际资本和各国信息、技术、商品的集散中心，是国内、国际经济的最佳结合点，同时也必须是国际科技、教育、文化的交流中心，在国际上具有强大的文化辐射力和吸引力……一个国际大都市不但应当拥有完善的法律体系和规范的市场经济秩序，而且还应当拥有高素质的市民、高品位的生活质量、良好的生态环境和显明的文化特色，能以自己独特的文化魅力和整个城市的文明程度来吸引国际投资者和国际游览者，并在国际文化交流中不断提高自己在世界上的知名度。"[①]近年来，更提出要以"文化创新的上海实践"为主题，聚集近年来上海文化发展的重要问题，在全球文化竞争日趋激烈的背景下，将提升文化软实力作为增强上海综合竞争力的核心因素，持续推进国际文化大都市建设。[②]这些认识都堪称精确到位，若真正付诸实施，不仅对上海自身的城市文化建设，而且对相当大的上海"文化辐射圈"范围内的城市文化建设，都会产生极大的影响和促进作用。文化因素已经成为决定城市发展中城市竞争力大小和竞争成败的核心所在，也已经成为决定人类城市能否坚持可持续发展原则，能否更好地建设和谐美好的城市市民社会、建立人与自然、人与人、人与社会的新型和谐关系的关键所在。

三、城市文化的本质

（一）文化与城市

首先，城市实质上就是人类的化身。城市从无到有、从简单到复杂、从

[①] 尹继佐. 2003年上海文化发展蓝皮书——文化发展与国际大都市建设. 上海：上海社会科学出版社，2002：20-23.
[②] 郑崇选，荣跃明. 上海文化发展报告（2017）. 北京：社会科学文献出版社，2017.

低级到高级的发展历史，反映着人类社会、人类自身的发展过程。其次，城市是社会发展的重要标志，是人类进步的重要推动力量。城市的数量随着社会的进步而不断扩大，容纳着成千上万的人从农村到城市迁徙、奋斗的历程。城市意味着社会的巨大进步和人类能够达到的文明。再次，城市是人类文明之花。虽然城市的产生与发展主要基于经济的发展，但城市的本质和内涵，并不仅限于经济的体现。城市的发展实际上体现了人类文明的发展，人们不仅要居住，要工作，还要有优美的生活环境，还要从事各种文化活动。城市对于人类发展有着更为广泛和积极的意义。

城市一旦出现，就会产生一种新的文化情境，英语中的"文明"（Civilization）一词就是从"城市"（City）一词演化而来的。城市作为人类创造的物质财富和精神财富的结晶，本身就是一种文化形态；城市作为人类文化的符号，反映着其所处的时代及社会、经济、科学技术、知识经验、生活方式、人际关系、哲学观点、宗教信仰等。没有文化的城市是没有灵魂的城市，城市就是时代最高文化的体现。如果说世界上的城市是千差万别的，那么根本差别就在于城市文化的不同。一座城市能够千百年地延续下来，很大程度上取决于城市文化的延续。城市的文化特性是城市间历史传统差异的体现，是城市应保存的有价值的文化内涵，是城市居民对本民族、本地区和本城市的历史传统、宗教信仰固定认同的看法和行为表现，这些也是城市得以延续的重要原因。

城市最大的特点是各种要素的聚集和流动，在这个聚集过程中，城市文化扮演着协调市民行为方式、思维方式和感觉方式并且将市民的集体行为固定下来的角色，同时使自身的涵盖面越来越宽，凝聚力越来越强。

（二）城市文化的本质

首先，城市文化的凝聚、整合、协调作用越来越强大，并成为城市综合竞争力的主要源泉。人类社会总的发展趋势是城市化，人类的财富、信息、权力乃至全部生活方式都是以城市为中心汇集起来的。尤其是在当代城市化的迅速发展中，各种要素的聚集性更加突出，大城市从来就是各种文化相互融合、相互作用、相互生成的熔炉。

其次，城市文化的要素是城市地理要素、经济要素和人文要素的综合体。每个城市、每个区域都受到不同地域自然环境的影响，有着各自不同的历史以及由此形成的深层次的文化差异，自然的和人文的影响越多样化，城市的聚集性就越复杂、越个性化，越容易形成城市各自不同的文化性格和文化特色。

第三，城市通过它所集中的物质和文化的力量，加快了人类交往的速度。城市积累着人类活动的各种经验，集中了人们的智慧和力量，通过纪念性建筑、书籍、碑文、档案等将文化一代一代传承下去，城市中的各种中心既是人们交往集中的场所，也是传播人类文化的源泉，因此，城市给予人类的最大贡献在于它能保存、流传和发展社会文化。如果说，在过去的岁月中许多城市成功支配了各自国家的历史，那么就是因为这些城市始终能够坚持民族的文化，并把其绝大部分流传于后代。

另外，今天的城市文化还作为一种生产力而发挥作用。当今社会，城市文化不仅作为整合各种要素的凝聚力量，作为一种知识体系、信仰体系，作为某一历史阶段特有的生活方式而存在，而且日益成为经济社会发展的战略资源，成为一国、一地和一城综合竞争力的重要组成部分。独具特色的城市文化是一个城市参与全球城市竞争的巨大优势。

当然，城市在发展过程中也并非总是代表着人类的积极因素。古代城市体现了政权的意志和统一，把人类的理想、抱负集中在政权、神权的统率之下，战胜各种灾害，进行各种建设，并建立起秩序和道德，但同时城市文明也导致了战争和奴役，罪恶和不平等；人类的工业文明极大地促进了城市的发展，同时也造成了环境污染、瘟疫甚至经济萧条等混乱；现代生产和城市扩张的进程日益加快，同时，资源短缺、贫富差别、战争威胁等问题作为城市发展的附带产品也随之产生。这种城市化的发展、反文化、反文明的趋势，是否符合人类生活的真正目标和质量，是否符合人性原则的理想，应当给予高度关注和警惕，需要世界城市联合起来，努力维系保护城市发展回到它本质的轨道上来。

第三节　古代中西方的城市历史

城市的形成与发展因其所处的时代和地理位置而表现出鲜明的个性。从大的方面来看，世界范围内各大文化圈，如儒教文化圈、阿拉伯文化圈、西方发达工业国文化圈等，是包容这些城市个性的基础平台。地理环境因素、宗教民族因素、社会结构因素、城市文明之间的冲突与融合因素等，又是这些文化圈的内在构成。城市本身又是一个历史的积累，有着其最初的源头，而研究城市历史绝不能脱离其本源。今天，世界各国的城市发展都与当地最早形成的哲学思想体系有着密切的关系。因此，以中国城市为代表的东方城市和以希腊城市为代表的西方城市之间有很多的差异。

一、古代中国的城市历史

培育古代中国哲学的基础是大农业社会，因此，哲学研究的对象与自然包括季节与土地有着割不断的关联。当然，更重要的还是人类自身的生存活动原理。概括而言，古代中国哲学的研究范畴包括："天"，对天象与人类社会的认知和解释，所以既是物质的，也是精神的；"道"，按照宇宙运行规律制定的人为准则与最高社会行为规范；"气"，指一种自然存在的极细微的物质，是宇宙万物的本原。对气的研究在一定程度上就是探知自然界物质的形态与结构，特别是运用于医学领域，与城市建设的传统观念也不无关系；"数"，研究自然万物与人文社会的规律，并把社会等级、文化价值的概念渗透其中，既有唯物的观点，也有唯心的成分；后来还发展了"理"，主要研究物类形体之间彼此不同的形式与性质，以及内在的运行规律。

虽然古代中国的哲学思想主要与天文、历法相关，并直接和农业生产及万物更新相结合，但作为一种精神文化的产物，必然会直接反映在城市这个物质的载体之上，比如关系到城市建设的各种理论学说等。还有，"数"直接用于卦象、计算、组合与建筑的规则制定，"气"则力求探索城市发展的内在规律，并结合了化学、物理、医学、人文等各个领域的成果，推动了古代的社会进步，如四大发明、《天工开物》、《本草纲目》等，也促进了城市的繁荣与发展。

由于古代中国的文明以高度发达的农耕经济为基础，并以强大的集权制度统一了黄河、长江流域的广大地区，不仅创造出了独特的社会制度和法律，在科学技术的发展方面也攀登上当时的世界顶峰。而这一切成就的集大成之作，就是古代中国的城市，其中既体现了典型的东方宇宙观，如天圆地方、人法地、地法天、天法道，又表现出极强的社会等级观念，如为政之道、以礼为先、遵循礼制的城市空间、建筑规格、排列与形态，还有中国特有的华夷世界划分标准，即所有城市的尺度、建筑形态都取决于其在华夷秩序，如《礼记王制》曰："东曰夷、西曰戎、南曰蛮、北曰狄。"又如五服文化圈的国土观念（图1-3-1）。

古人观测天象，因北半球的星座都围绕着北极星转动，因此认为北极星代表至高无上的权威；其星微紫，所以紫色也代表了最神圣的地方，如北京故宫被称为紫禁城。而与天对应的是人工建筑的城市，遵循天圆地方的概念，一般规划为方形或长方形，其中南北轴线的北端与北极星相呼应，是为

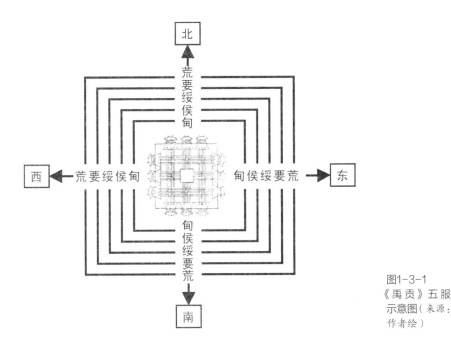

图1-3-1
《禹贡》五服示意图（来源：作者绘）

尊位，即皇宫和官衙的所在地；随后按照礼的秩序来确定不同等级和不同功能的城市建筑及设施的位置。而城市的大小和建筑的规格，甚至包括色彩与材料，又必须根据五服的概念来确定。这样，一个尊卑有序、符合天意的城市规划理论诞生了。

二、古代西方的城市历史

古希腊人也非常注重观察自然，并热心于对世界本源的探索，但和古代中国相比，希腊哲学中蕴藏着更多的科学成分，因此在很多方面为现代科学与现代哲学奠定了基础。恩格斯曾经指出，希腊人对世界总的认识和描述是比较正确的，有一定的深度，但同时也指出他们在思维方面的缺陷："在古希腊人那里——正因为他们还没有进步到对自然界的解剖、分析——自然界还被当作一个整体从总的方面来观察，自然现象的总联系还没有在细节方面得到证明，这种联系对希腊人来说是直接的、直观的结果。"古希腊人的宇宙观和古代中国的宇宙观不同，古希腊人主张：地球是宇宙的中心，是永远静止不动的，太阳、月亮、各种行星和恒星在天球上都是围绕着地球在运转（图1-3-2）。亚里士多德的哲学思想就支持这样的地心说，他把这种不变和永恒视为最高的价值体现。这样的思想最终也反映在城市的规划和建设当中。

同时，通过对自然万象的观察，古希腊人把物体的形状和大小抽象为一种空间形象，即无论是什么样的质量、重量或者材料，古希腊人只关注它的"空间形象"，或者说是几何特征，从而形成了"几何空间"和"几何图形"的概念。因此，将数学和哲学实现完美的结合是古希腊人的重要贡献，数学

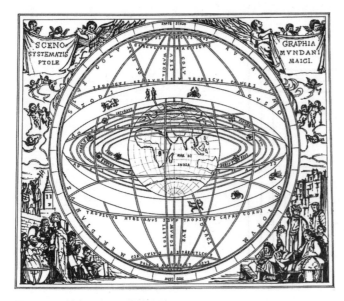

图1-3-2 地心说——古代欧洲的宇宙观（来源：陆金荣 绘）

不仅是哲学家进行思维和创造的工具，也是追求真理的手段，而几何学尤其被认为代表了美的本质。

独特的地理环境会孕育出独特的城市形态。希腊半岛被山峦和海湾分割成很多狭小的地块，海岸线破碎陡峭，几乎没有大片的平原，极不利于政治上的统一，所以没有形成东方国家那样的集权政府。这样的地理环境造就了希腊人独特的意识形态，他们本身的生产力相对落后，但面对的是大海，海外有早已存在的高度发达的东方城市文明，又有爱琴海（克里特岛）这样的跳板，因此希腊人的知识摄取源是非常丰富的。他们的城市与东方截然不同：由于相对稳定的奴隶制度，古希腊人能相对地安心于自足的生活，加之人口流动的缓慢，于是便形成了以城邦为中心的、比较强烈的共同体概念。城邦很好地利用了崎岖破碎的海岸线，也为古希腊城市保护神的出现创造了条件，如雅典卫城及神庙的建设；同时，培育了尊重市民权利和私有财产的传统，以及对小国寡民的城邦模式和贵族化的民主制度的推崇。

在城市建设方面，古希腊人提倡合理主义，即遵从自然规律与理性，崇尚阳光、和平、健康，强调人本主义思想；城市的形态不一定公式化，但一定要体现出和谐与美感，要给市民带来精神上的抚慰与幸福感。古希腊城市的文化核心可以用一个直观的公式来表达：哲学思想+几何与数学+城市的公共空间。希腊城市的空间形态与构成要素主要有：符合人的尺度的建筑形态，截然划分的公共空间与私密空间，前者如广场、圣殿、卫城、街道、元老院等。民主政治与城市的文化核心就是广场（Agora），这个传统被后来的罗马人所继承并一直延续到今天。罗马人在希腊城市的基础上继续发展，并作出了更加卓越的贡献，如引水渠、公共浴室、公共娱乐场（角斗场和剧院）等城市基础设施以及连接城市的道路体系和罗马法等。到了希腊化时代，帝国的概念打破了小城邦的封闭意识，形成规模更大、集权力量更强大的城市，并且把这种模式推广到古代的地中海世界及东方各国。[1]

---

[1] 吴志强，李德华. 城市规划原理（第四版）. 北京：中国建筑工业出版社，2010，9.

第二章 城市文化的要素、结构与形成过程

城市在其形成和发展过程中缔造了自己的文化，成为人类文化的重要组成部分。城市文化的形成一方面取决于人类聚落形态改变的推动作用，同时也是在对乡村文化继承基础上，加以改造和创新的结果。城市文化由诸多要素构成，这些要素往往涉及城市生活的方方面面，决定着城市质量的优劣，如城市决策是否符合民意、传统文化是否得到了有效保护、公共建筑物功能是否被合理使用、城市定位是否符合自身气质、人居环境质量如何、公共空间能否满足市民的精神需求、城市生态环境建设情况如何，等等。这些要素是城市发展演变的经验总结，在这些要素的背后，蕴含着丰富的人类精神智慧和文化成果，而城市文化的结构也正是在文化要素完备的基础上逐步完善起来的。

第一节 城市文化的要素

构成城市文化的要素众多,这些要素是城市发展演变的经验总结,在这些要素的背后,蕴含着丰富的人类精神智慧和文化成果。

一、城市文化的核心要素

构成城市文化的核心要素包括城市市民、民主制度、自由精神、平等原则、法制秩序、社会公正,这些要素是构成城市文化最基本的组成部分,是决定社会形态和社会价值观的关键,它们决定着城市文化的构成方式。这些要素的实现程度和发展程度,决定着一个城市的根本方向、面貌和实质状态。

二、城市文化的精神要素

构成城市文化的精神要素主要包括文化创造能力、文化吸纳能力、对文化传统的保护能力、对人类文化智慧的激励能力、对文化成果的储存和涵养能力、文化的包容性、文化的传承发展能力、文化产品丰富的程度以及人的自然观、环境观、社会观和价值观等。这些要素决定了一座城市的气质,决定了一座城市有无明晰、正确、积极向上的精神价值导向,决定了城市的文化吸引力和影响力。

三、城市文化的社会要素

构成城市文化的社会要素主要体现在城市社会层面的道德及专业素养高低、家庭形态、不断革新的生产方式的活力与社会意义、社会组织形式和运行机理、对乡村社会特有的"自组织机制"的生发和变革能力、对原生态文化的收纳和再造能力、社会教育培训职能的实现方式、社会激励机制和创新机制效率、社会保障体系的完善程度、城市功能区域分布和协作方式、区域间的连通形式、社会形式规则与潜规则、社区形态与运转常态等。这些要素决定着一座城市的运转效率。城市运转是否顺畅,是否可以实现高效率,都取决于这些要素的质量和合理性。

四、城市文化的行为要素

构成城市文化的行为要素包括：市民遵守行为准则的状况和文化认识能力、对社会问题的参与度和关注度、对公共问题的热情、市民的工作就业率和专业技能程度、市民的业余兴趣和休憩方式、市民与他人交往的频度与方式、与他人合作的程度及能力、对他人的热情和关爱度、市民的交友范围和交往程度、市民生活的幸福程度、城市的就业机会多少、工商业繁荣与否、商业交易的频度和广度、城市的文化活动、节庆活动、城市仪式、民俗活动等。这些要素决定着一座城市的风貌，体现着城市与时代及世界联系的紧密程度，昭示着城市的生机与活力。

五、城市文化的空间要素

此处的空间，指的是物理空间，是构成城市外部形态和内在使用功能的要素，它们的具体实现形式是诸如场地、场所、场合这类的建筑物、设施、街区等人工构筑物，这些人工构筑物在城市里会形成"节点"，作为收纳资源、再造产品、发散功效的"集合力点"。它们共同承载着复杂的城市功能，对城市的生存质量起到支撑作用。例如，作为商品流通和集散地，城市要具备相应的商业场所；作为社会权力核心地，城市必须有行使权力和象征权力的构筑物，诸如政府机构、办事场所、集会场所；作为保护民众信仰的密集区，城市要建立各种形式的神圣空间场所，为各种信仰形式提供场地保证；作为文化传播制造中心，城市必须拥有较完备的新闻、出版、广播电视、广告、文物博览场所；作为思想策源地和艺术中心，城市必须拥有大学、科研机构、思想论坛、艺术展示场所；还有诸如要实现交通、通讯、教育、娱乐、健康保障、社会安全、体育竞技与健身、饮食享受、生活休闲等社会功能，也同样应该建设和拥有相应的设施和场所。这些设施之间的功能协调程度、配置方式合理与否、构成是否丰富完善、使用的方便程度、设计的合理程度、材料的适度、投资效益等，很大程度上决定着一个城市的精神气质和生活质量，决定着这座城市是否有文化特色和文化追求，也决定着人们的家园认知程度和归属感。

六、城市文化的自然要素

人类在建造城市的过程中，固然对自然有很强的改造能力，但自然依然会作为一个重要元素，与城市的建设方式和肌理物质紧密结合。城市构成的基本形态，首先就取决于自然要素，与自然协调方式的好坏、将自然环境与城市建设的关系协调处理得怎样，往往会成为决定一个城市发展程度和未来如何的关键因素。这些要素包括城市所处的区域区位条件、与外埠交界和连接状况、交通条件、地质矿产资源、生物资源、水资源、高密度人群生活保障条件、安全防护的难易程度，还有诸如山川构造、地势走向、气候条件、生态质量以及湿地状态、绿地构成、原生态生物群落的保护状态等。

第二节　城市文化的结构

一、文化结构

不同学科基于不同的视角对文化有不同的释义，但基本上可概括为两种：一是广义的文化，指普遍的物质生产、社会关系与精神生活、生产力、经济活动、人际关系、精神和道德规范、思维活动、大众化价值观、个人修养、理想、素质等，这几乎囊括了人类整个社会生活；二是狭义的文化，指意识形态及与之相适应的制度和组织结构，具有鲜明的时空特点：时代的产物，如石器时代、青铜器时代、十月革命后的政治版图、改革开放等；地区性表现，如楚文化、沿海城市、金砖四国等；国家、民族文化，如图腾崇拜、唐人街、美式快餐、欧洲的慢城组织等；社会制度，如封建制、移民法、城乡规划法等。

在文化学及文化地理学研究中，一般将文化分为三个层次：一是物质文化，指人类利用和创造的一切物质产品；二是制度文化，或行为文化，指人们的理论创建、制度规范和行为约束，比如政治制度、经济制度、法律制度以及教育制度等；三是精神文化，指人类的思想活动、意识形态、价值观和传统习俗等。这三个层次相互关联、相互制约。比如，精神文化是行为文化的内化产物，反过来又指导、支配、升华和约束人类的行为；物质文化是行为文化的外化产物，反过来又对行为文化提出要求，以便与其发展阶段相适应，这三种文化的相互影响与制约就形成了文化发展的内在机制。

二、城市文化结构

作为人类文明的结晶，城市是人类文化的物质载体。根据城市文化的功能目的和实施手段，在城市规划和建设中所涉及的城市文化，也可以分为物质环境、制度环境和人文环境三种类型。

物质环境——城市空间布局、自然景观、建筑风格、街道肌理、城市标志物等，这些构成城市空间的各种物质元素都是可直接观察到和触摸到的部分。城市文化的物质载体是一种物化手段，既为人类的行为活动提供物质支撑，又影响和制约着人在城市空间的行为活动。

制度环境——各种法律法规，比如城乡规划法、土地管理法、文物保护法等各种城市规划建设法律法规、地方性的城市管理规章制度，以及城市规划中制定的相关实施政策等。制度环境是在人文环境指导下建立的，用来约束人类行为的保障体系，目的是促进物质环境和人文环境有序、稳定地发展。它是城市文化中的一种隐性手段。

人文环境——主要围绕着人展开，包括个人自身的基本活动、社会活动（人与人之间的关系）、精神活动（人的价值观念和思想意识）等。人的基本活动是围绕生产与生活方式展开的，包括衣食住行的各个方面；社会活动则包括显性和隐性两部分：显性的如各种公共社区活动，从属团体的社群活动等；隐性的如家庭/家族关系、政治倾向和阶层分化等，这些是需要分析研究才能了解的；精神活动包括道德观念、思想意识、宗教信仰、职业伦理等。这些属于城市文化的主体和功能目标系统。行为活动是人的基本需求和存在方式，离不开物质环境的支撑，也不能没有制度环境的保障和约束，因而是物质和制度环境建设的直接目的。

人文环境处于城市文化中的支配地位，物质环境和制度环境的建设是为了满足人文环境的功能目的而实施的手段和途径。但物质环境和制度环境的建成往往不能随着人文环境的变化而变化，有一定的滞后性，其结果就对人文环境形成一定的制约和影响。我们常说，城市空间是人类精神的物质产物，是人类行为的空间载体，并为人类的行为活动提供物质的支撑。但从另一个角度看，城市空间往往是影响和制约人们行为活动的关键所在。由于城市空间的特殊性即一旦形成后在很长时间内将难以改变，因此对规划师而言，就必须全面和细致地研究物质环境对人的行为活动，特别是对城市的人文精神所产生的长期而深刻的影响。总之，上述三者之间是相辅相成、相互制约、并行不悖的。城市文化的最终使命是达到物质、制度、人文共同协调的可持续发展（图2-2-1）。①

---

① 吴志强，李德华. 城市规划原理（第四版）. 北京：中国建筑工业出版社，2010，9.

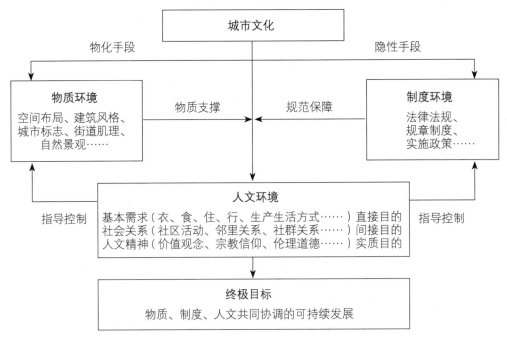

图2-2-1 城市文化结构及发展目标示意图（来源：作者据《城市规划原理》改绘）

第三节 城市文化的形成过程

城市在其形成和发展过程中缔造了自己的文化，成为人类文化的重要组成部分。城市文化的形成一方面取决于人类聚落形态改变的推动作用，同时也是在对乡村文化继承基础上，加以改造和创新的结果。

一、人类聚落演进推动城市文化的形成

分析我国原始社会聚落建设的演变进程，大体上可分为两个发展阶段。首先是母系氏族公社聚落阶段。此时的聚落是本着以原始农业生产为主的经济要求，按照母系血缘关系来组织聚居的。随着社会生产力的发展，生产关系也相应地发生变化，由母系氏族公社，逐渐演进到父系氏族公社。因此，聚落和建设也随之转入父系氏族公社聚落阶段。这一阶段由于氏族组织转变以父系为基础，伴随婚姻制度的变革，父权的确立，私有制的形成，不仅氏族内部开始产生贫富等级之分，氏族与家庭经济之间的矛盾，各氏族部落之间的利害冲突也日趋激化。在这种新形势下，相邻地区的部落都结成联

盟。此时社会组织由原来血缘性的部落，逐步演变为地域性的部落联盟，从而向文明大道迈进了一大步。我国社会发展开始跨入由原始社会向奴隶制社会的过渡历程。这种新发展，自必引起聚落建设产生变革，城堡式聚落——"城"之雏形的出现，便是这一变革的标志。①

在母系氏族社会，随着原始农业的产生，先民开始由游牧生产方式逐水草而居转向依附田地的定居生活，于是出现了相对稳定、按氏族血缘关系组织起来的"聚"（聚落）。"聚"字本义乃人聚集之意，故《说文》释"聚"为"会"。"聚"的规划，包括居住、墓葬、农业生产基地、制陶等手工业基地以及畜牧场所等内涵，从而形成一个原始自然经济的生产与生活相结合的社会组织基本单位。集合若干近亲氏族组成一个部落，聚落形态又向前发展了一步，即由简单的一个氏族定居的"聚"，发展为几个氏族组成之部落所聚居的"邑"的形态了。《史记·五帝记》称："舜一年而所居成聚，二年成邑，三年成都"，可见"邑"的规模较"聚"大，内涵也较充裕。《说文》云："邑落曰聚"，说的就是部落所居之"邑"实为聚集若干氏族居住之"聚"所构成。例如，关中地区仰韶文化半坡及姜寨等部落遗址，都是母系氏族社会"邑"的遗迹。姜寨遗址（图2-3-1）中，"邑"的四周挖有防护壕沟，中心置有公共活动的广场，各氏族的"聚"环绕广场布列，形成一个整体，每个"聚"又各有其公共"大房子"，成为每一个"聚"的组织活动中心，各家居室都环绕分布在"大房子"周围，结合而为"聚"，所有的"聚"形成"邑"。

到了父系氏族社会，作为部落或部落联盟驻地的"邑"，为保护首领和富有者的财富与安全，开始构筑城墙，以加强防御能力，因此首次出现了"城"的雏形——设防的城堡式聚落（邑），这种设防有双重含义，既防敌对部落或部落联盟的外部入侵，同时又防内部因贫富差别而激起的冲突。例如，河南王城

图2-3-1
陕西临潼姜寨遗址复原模型
（来源：王军 摄于陕西历史博物馆）

---
① 贺业矩. 中国古代城市规划史. 北京：中国建筑工业出版社，1994：32.

岗及平粮台等晚期龙山文化的城堡，均属此种类型（图2-3-2、图2-3-3）。

进入现代社会以来，由于生产方式和规模的变化，人口向城市集聚，而由于集聚，又会导致文化形态的改变，形成集聚效应。城市文化的核心特征就是"集聚性"，具体表现为：由于生产方式的区别以及市场规模的差异，会造成人口集聚程度的差别，而人口集聚程度的差别，又能决定人类聚落形态的不同。这种差别所造成的"集聚效应"会形成不同的层级，由不同的集聚效应中生成

图2-3-2　河南登封王城岗遗址（来源：http://www.bytravel.cn/Landscape/57/wangchenggangjiyangchengyizhi.html）

图2-3-3
河南淮阳平粮台遗址（来源：徐智祥 绘）

不同的文化形态、文化心理和文化行为，它们以不同的表现形式，通过特有的文化风貌、习俗和力量，决定着城市文明发展的程度、速度和蔓延度。[①]

人类从群居开始，到形成成熟的聚落形态，这一演变过程大致可以分解成一些前后相续的不同类型，即早期宿营地、自然村落、村庄和集镇、城镇、城市、大都市、大都市区、城市群、城市带（城市连绵带）等阶段，它们之间会存在相互叠加、重合、并存的状态，但其各自的特征又非常鲜明。与这些表现形态密切相关的文化内涵，也相应地呈现出不同的外在征貌，可表现为：乡村文化、城市文化和城市化文化。这几种文化形态是与不同的时代发展特点和要求相适应的，它们有不同的表现形式，在社会制度、结构、关系、阶层分布、外在形态、文化特征上都有区别，在风俗、习俗、仪式、生活方式、娱乐形式、文化产品生产方式、传播方式等方面，也有明显的社会历史变迁差异。

二、脱胎于乡土文化的城市文化

在漫长的历史进程中，城市文化与培育其发展成型的乡村社会始终没有完全脱离关系，城市一直以乡村作为自然资源地、生产材料来源和文化母体，在城市的发展链条中，乡村历来是必不可少的一环。从发展的角度看，城市文化与乡村文化的根本差异，主要表现在聚落形态、文化特征和文化结构上。在历史发展过程中，人类文化的形态随着聚居形态的改变，一直都在发生着改变，尤其是在一些作为社会转型标志的重要节点上，比如从农业社会转型进入工业社会，再从工业社会转型进入信息化的后现代社会，文化的改变就显得更加剧烈和迅猛。毋庸置疑，城市文化源自乡村文化，它们之间有重合延续的关系，但更多的还是表现为城市文化对乡村文化的更替、发展、丰富等方面。正如刘易斯·芒福德在《城市发展史》中所说："城市在联合村庄、城堡、圣祠、市场的同时，还继续依托了村庄的道德基础；在日常的共同任务中愉快劳动、相互协作的习惯，以及在饮食、生育、祭祀贡奉方面的共同习俗。"[②]

首先，由于聚落形态的改变，城市空间的密集度加大，会连带城市内部的功能发生一系列集聚效应，使城市成为政治、经济、文化的集聚地点，人们的利益关系、劳动方式、人生目标、语言模式、思想内涵、传统习俗、善恶标准等诸多方面都必然要随之发生变化。过去乡村的家庭式结构大多解体，人们不再以过去简单的血缘关系聚合起来，而是按照新的生产关系和利益关系组合在一起，那些原本约定俗成的"家庭式共同利益"也被极大地

[①] 陈宇飞. 城市文化概论. 北京：文化艺术出版社，2008：16.
[②] （美）刘易斯·芒福德. 城市发展史——起源、演变和前景. 宋俊岭、倪文彦译. 北京：中国建筑工业出版社，2005：109.

消解了。人们不再无条件地听命于自上而下传统意义的家长意志，而是作为个体的人来到城市谋生，面对社会竞争，他们之间是陌生的、自私的、先利己后利他的关系，所以必须按照新的社会规则生存，进入新的劳动组合关系、行会组织结构关系、人际间"公事公办"的连接互动关系，要熟悉城市的处事原则以及收入分配方式等一系列新的社会关系。在一些城市研究专家的描述中，这些新型关系被不同的专家分别概括成"利益社会"、"法理社会"和"有机团结"等特征，以区别于乡村社会的"礼俗社会"、"共同社会"、"机械团结"等特征。[①]城市市民社会的文化特征反映在文化形态上，会呈现新的社会面貌：一方面，在外在文化风貌上，城市是以人和建筑物的高密集度、土地资源高效利用、交通便利、功能性设施的丰富多样为特征的，城市给人的直观印象就是高楼林立、马路纵横、人潮汹涌。另一方面，在内部文化核心点上，城市与乡村相去甚远。乡村社会一般是以祠堂、神社为文化核心召唤民众，而城市的文化核心在西方国家多为教堂、城市广场（尤其是市政广场）和花园，即所谓的"城市三元素"；在中国古代城市则多以庙宇、商贸市场和统治权力机构为核心，中国当代城市一般呈现出较为分散的状态，但也多以城市广场、大型文化场所为"准"核心。

其次，在城市市民社会的细节上，城市文化和乡村文化也有很多不同之处。由于社会结构发生了剧烈变化，社会关系和社会形态也随之发生了巨大改变，体现在细节上变化也非常明显。例如，城市的基础设施更加完善、用途更广泛、使用更方便、服务更细致；市民的家庭功能发生转化，家庭规模趋小，几代同堂的家庭结构已不多见，而新的核心家庭模式，即"夫妻+未成年子女"的家庭单元结构日渐成为主体；在市场经济这一规则的直接作用下，文化理念主要呈现为倡导公平至上、讲求信誉、操作透明、严守规则和程序合法等新的价值取向；政治制度方面向参与型转化，市民们在新的社会关系结构中逐步成为决策主体，成为参与型政治生态的重要角色，他们会更希望明确个人利益在社会整体利益格局中的合理合法地位，遇到利益矛盾时，城市市民社会通常是通过制度机制加以干预、疏解和决断；精神文化层面，市民社会的文化特质表现就更为充分，城市是商品集散地、生产中心、资金源头，更是文化的加工集散地和思想大本营，具体反映为城市使得知识、信仰、艺术等精神活动高度聚集，成为新道德、新法律、新习俗的生成中心，在城市中，新闻、信息、出版、网络、影视、音乐等担负社会资讯制作、传播责任的机构极为繁多；市民在思想观念、价值观念、精神境界、伦理道德、理想追求、风俗习惯等方面与乡村社会完全区分开来。在进行城市文化建设时，以上这些因素都是至关重要、必须要考虑到的。

---

① 陈旭. 都市文化与都市精神——中外城市文化比较. 南京：东南大学出版社，2002：20-24.

第三章 城市文化的特征及功能

在城市化时代里，人类文化在塑造现代城市面貌、培育现代城市精神和市民社会的过程中，起到了不可替代的关键作用；同时，文化也在城市化推动以及市民社会的影响和锻造作用下，不断地改变着自身。文化对城市发展、社会进步和人类发展的巨大推动作用和激励作用正日益凸显出来。促进文化与城市发展的多种关联因素，正在迅速增多且日渐强化，形成新的巨大力量，并且在很大程度上决定着未来文明的走向。每一座城市都有自己的文化特征，对城市文化特征进行准确界定，是认识城市文化、发展城市文化，进而带动整个城市成长的重要条件。在城市建设中，只有最大限度地突出城市的文化特征，才能使城市文化的功能发挥到最佳。优秀的文化特征起着凝聚城市现代化建设各方面力量的作用，能够最佳组合各种城市资源，最大限度调动人才队伍的积极性、创造性，快捷有效地将科学技术转化为生产力，形成强大的竞争优势和凝聚力。因此，充分认识城市文化特征，把握城市文化特色，发挥城市文化功能，是提升城市综合实力的必由之路。

第一节 城市文化的特征

一、城市文化特征的范畴

(一) 城市定位

城市定位是根据自身条件、竞争环境、需求趋势等因素,科学地筛选城市地位的基本组成要素,合理地确定城市发展的基调、特色和策略的过程。合理的城市定位符合城市自身特色以及未来发展方向,有利于促进城市的经济增长、政治稳定、文化繁荣,可以引领着城市在正确的轨道上稳步前行。城市在发展的过程中要使得城乡协调共进,需要形成合理有效的功能和区域定位,即城市整体定位。例如:上海要在2040年建成全球城市[1];西安要打造"一带一路"新高地[2];北京要成为四个中心,即全国政治中心、文化中心、国际交往中心、科技创新中心[3]。这些都是结合城市自身特点进行的定位,符合城市的本质及特色,将会为这些城市的发展提供更多机会,激发城市更大的活力和创造力。

(二) 城市规划

城市规划是规范城市发展建设,研究城市未来发展、进行城市合理布局和综合安排城市各项工程建设的综合部署,是一定时期内城市发展的蓝图,具体体现为对城市本身的形态规划和功能规划。一个好的城市规划不仅包含技术性的元素,例如规划的方法、原则、实施细则等,还必定会包含人文性质的内涵,具有真挚的人文情怀,是为人服务的。中国古代城市规划强调战略思想和整体观念,强调城市与自然结合、和谐发展,强调严格的等级观念。这些城市规划思想和中国古代各个历史时期城市规划的成就,集中体现在作为"四方之极"、"首善之区"的都城建设上,隋唐长安城、元大都、明清北京城的规划都体现了这些思想和理念,并在实践中加以实现,这对今天的城市建设仍有很好的启示作用。而西方现代城市的最大特点,多是强调城市的形态、功能性与人类活动的协调性和适用性,它们的历史城市的自由和突出空间形态的舒适感、现代城市的郊区化问题、城市中心区空间化问题,以及城市复兴理论和实践的产生,都是基于城市首先是为人所使用的这一理念,所以他们的城市规划往往不注重空间形态的空泛,平面布局也不太

---

[1] 2014年6月24日《新华网》.
[2] 2015年6月11日《凤凰网》.
[3] 2015年8月23日《中国新闻网》.

强调规整划一，而主要是尊重自然形成的形态。只是到了现代，才有一些严整型的城市规划出现，这和他们的规划理念直接相关。

（三）城市构成

城市构成是指城市各构成要素相互关联、相互作用的形式和方式，主要包括经济结构、社会结构和空间结构。城市的发展过程中，不光是建筑物的增加以及居民的聚集，同时也是城市内部产生具备各种功能的区域，如商业区、住宅区、工业区等的过程；同时各个功能区之间，又存在着有机联系，从而共同构成城市的整体。城市构成一方面受城市内部自然环境的约束，另方面也受到历史发展、文化、宗教和城市规划的影响，注重内容的丰富性、多样性、适用性，通过文化的、艺术的、娱乐的、体育的、交流的等多种形式达到城市文化目标的要求。

（四）城市环境

城市环境是与城市整体相关联的人文条件和自然条件的总和，包括社会环境和自然环境。前者由经济、政治、文化、历史、人口、民族、行为等基本要素构成；后者包括地质、地貌、水文、气候、动植物、土壤等诸要素。城市形成、发展和布局一方面得益于城市环境条件，另一方面也受所在地域环境的制约。城市的不合理发展和过度膨胀会导致地域环境和城市内部环境的恶化。城市环境质量的好坏直接影响着城市居民的生产和生活活动。城市是人工营造的，难免和自然环境发生矛盾冲突，但城市环境如果从文化目标这个要求出发，就必须突出与自然和谐的大环境观以及与自然环境共融共生的理念。

（五）城市形态

城市形态是指一个城市的实体组成或实体环境，以及各类活动的空间结构和形式。广义的城市形态可分为有形形态和无形形态两部分。前者主要包括城市区域内布点形式、城市用地的外部几何形态、城市内各种功能地域格局以及城市建筑空间组织和面貌等；后者指城市的社会、文化等各种无形要素的空间分布形式。狭义的城市形态一般指城市物质环境构成的有形形态，事实上也是城市无形形态的表象形式。城市形态的表现应该以文化定位为导引，从城市平面布局、空间形态秩序的合理构成意义上，以整体观、协调性、文化传承性、和谐度、科学形态定位作为标准去分析"摊开的城市"，诸如逐渐增大的城市交通成本、人际关系的疏离、钟情于追求高层建筑的城市形态等问题，寻求解决这些问题的方法，使城市发展沿着良性轨道运行。

（六）城市风貌

城市风貌代表着一座城市的形象，可以反映出城市的特有景观和面貌、风采和神态，表现出城市的气质和性格，体现出市民的文明、礼貌和昂扬的进取精神，同时还能显示出城市的经济实力，商业繁荣、文化和科技事业发达的程度。以准确的文化定位决定城市的发展方向，并以文化为目标和决定力量，重视城市风貌资源并有效使之成为风貌资本，是展示城市风貌状况、提升城市风貌水平的重要途径。要认识到发展就是最好的继承，保护就是最好的发展前提，努力协调好历史传承和当代创造的关系，使得城市风貌具有长久的生命力。

（七）城市精神

一个国家需要拥有伟大的民族精神，一个城市同样需要有自己的城市精神。城市精神是一座城市的灵魂，是文明素养和道德理想的综合反映，是意志品格与文化特色的精确提炼，是生活信念与人生境界的高度升华，是市民认同的精神价值与共同追求。城市精神对城市的生存与发展具有巨大的灵魂支柱作用、鲜明的旗帜导向作用与不竭的动力源泉作用。一座城市没有精神，就没有准确的核心理念定位，就没有奋勇争先的精神动力源泉。只有打造出自己的城市精神，才能对外树立形象、对内凝聚人心，使城市上下团结一致、共谋发展。培养城市精神，需要确立明确的目标和建构途径，提升市民的精神状态以及他们对所在城市的认可度，涵养现代文明礼仪，关注弱势群体，从而推动城市健康发展，形成持久的文化吸引力和文化辐射力，体现城市的本质精神。

（八）城市活动

城市活动广义上指和城市相关的所有活动，狭义上一般指重大的政治、经济、文化、体育、节庆等活动。城市活动的开展对于展示城市形象、增强市民认同感和凝聚力、提升城市品位的意义重大。在城市活动策划过程中，关注城市的仪式构成，规划好节庆和日常文化活动，体现文化的内涵，既发扬传统，又注重创新，有利于市民新的生活节奏的形成，易于打造出城市特有的文化吸引力。

（九）城市管理

城市管理是指以城市这个开放的、复杂的系统为对象，以城市基本信息流为基础，运用决策、计划、组织、指挥等一系列机制，采用法律、经济、行政、技术等手段，通过政府、市场与社会的互动，围绕城市运行和发展进行的决策引导、规范协调、服务和经营行为。广义的城市管理是指对城市的一切活动进行管理，包括政治的、经济的、社会的和市政的管理；狭义的城市管理通常就是指市政管理，即与城市规划、城市建设及城市运行相关联的城市基础设施、公共服务设施和社会公共事务的管理。一般城市管理所研究的对象主要针对狭义的城市管理，即市政管理。城市管理要体现出人文关怀的实质内容，必须做到以所有人为本，而不是以一部分人尤其是管理人员为本，必须将城市管理的重点放在"理"即梳理上，而不是放在"管"即控制、禁止等做法上，学会因势利导，处理好占用盲道、野广告满天飞、公用设施随意被破坏、行人不遵守交规乱闯红灯等问题。

（十）城市决策

"决策"一词出自《韩非子·孤愤》："智者决策于愚人，贤士程行于不肖，则贤智之士羞而人主之论悖矣。"决策即决定，指的是为了实现特定的目标，根据客观的可能性，在占有一定信息和经验的基础上，借助一定的工具、技巧和方法，对影响目标实现的诸因素进行分析、计算和判断选优后，对未来行动做出决定。城市决策是城市管理中经常会发生的一种行为，是管理者在城市规划、城市建设、城市变革等方面所做出的决定。城市决策虽然通常是由城市管理者单方做出，但在决策之前，一定要广泛征求民意，体现民主性的真实含义，真正做到让人民当家做主，保持城市立法的完整性，执法的严格性，专家的主导作用，民众的参与，保证一切决策的透明度和程序合法性。

二、城市文化的特征

（一）集聚性和开放性

城市文化的集聚性主要来自城市本身的集聚性。

城市的本质特征是集聚。马克思和恩格斯指出："城市本身表明了人口、生产、工具、资本、享乐和需求的集中，而在乡村看到的却是完全相反的情况，孤立和分散。"[①]英国学者K·J·巴顿认为："所有的城市都存在着基本的特征，即人口和经济活动在空间的集中。用经济学的术语来说，城市是一个坐落在有限空间地区内的各种经济市场、住房、劳动力、土地、运输等相互交织在一起的网状系统。城市经济学是把各种活动因素在地理上的大规模集中称为城市。"城市不仅是人口密集的场所，而且是产业、资金、技术和建筑物密集的场所。高密度的人口、建筑、财富、文化、信息是城市

---

① 马克思、恩格斯全集（第三卷）．北京：人民出版社，1960：57．

的普遍特征，即各行各业、各类物质、各类信息形成一定规模的集聚是城市的普遍特征，这也必然导致文化的集聚。这种文化集聚主要体现在以下三个方面：

首先是各类文化人群的集聚。城市社会空间的开放性和流动性，为城市带来了高素质的生活环境，各行各业的精英汇集于城市，他们在这里交流、创作、接受再教育，从事各种文化产品生产，开展各种文化活动，共同创造着城市文化。他们的知识、经验、创造或运用于实践，或用文字、图片记载下来，从而形成城市文化的集聚。

其次是各种文化基础设施和文化派别的集聚。城市不仅集聚了齐备的基础教育机构、各类高等教育机构以及各种教育科学研究机构，还集聚着博物馆、展览馆、影院、文化艺术馆等各种文化基础设施，同时还集聚着各种思想流派、艺术流派、科学流派，它们相对独立、相互交流、相互融合。现代城市已经成为某个区域的文化生产和文化消费中心，大城市更是成为文化观念的高地以及文化产品的集聚地。

再次是各种重大活动的集聚。重大的国际会议、地区性会议都会选择具有特殊意义或风景优美的城市举行，重大体育赛事、电影节、博览会等也都会在城市中举办。城市因举办这些重大文化活动而进一步提高了知名度、影响力，这些活动也因这些著名的城市而身价倍增、大放异彩。法国小镇戛纳因为每年举办著名的戛纳国际电影节而名声大噪，2019年更是上榜全球城市500强榜单；我国浙江省的乌镇也由于被确定为世界互联网大会的永久会址，而日益成为全世界关注的焦点。各种文化活动持续不断地集聚，展示着也证明着城市的活力、实力和魅力。

城市文化的开放性则恰恰是其集聚性的外在表现。城市表现出的对来自不同地区、不同民族的各种文化思想、价值观念、思维方式、行为习惯的宽容的接纳，对各种先进技术、新材料、新产品快捷的运用，对专家学者、工程技术人员、艺术家、工匠、清洁工、搬运工等各类人员热情的延揽，形成了城市特有的开放姿态。同时，由于城市一般处于周边地区的中心位置，能够较容易地向四周扩散并施加影响，各种艺术风格、学术流派、时尚潮流在城市的集聚、发展乃至繁荣，其影响必然会溢出城市范围，使城市成为辐射中心和扩散中心。城市的中心位置和开放姿态推动着各种文化要素的集聚和发展，增强了城市作为文化中心的作用。

（二）凝聚性和多元性

城市文化的凝聚作用主要是通过社区的组织纽带和空间纽带形成的。城市居民在社区中形成的以职业、居住、生活关系为纽带的非血缘关系，基本上是平等的，不存在上下级关系、统治与被统治关系、制约与被制约关系。城市居民虽然从事不同的职业，但他们在政治方面有共同的参与意识，经济方面有共同的竞争意识，社会生活方面有共同的公共意识，文化生活方面有共同的创新意识。他们面临共同的利益、矛盾和问题，因而更容易在社会安全、环境保护、文化共享、教育公平等与每个人切身利益相关的问题上产生共鸣，达成共识。

这种凝聚性正是来自城市文化的多元性。城市人口规模大，密度高，社会关系对外开放，这些特征使它成为与传统文化大相径庭以及各种陌生人聚集的场所，从而产生了形形色色的文化，在经济全球化的背景下显得尤为突出。美国的旧金山、纽约，中国的上海、香港，法国的巴黎，澳大利亚的悉尼，新加坡等许多这样的国际大都市都具有多元文化并存共荣的特征，都是多元文化的熔炉。任何文化都可以在这里畅通无阻地遇到知音，任何新生或外来事物都可以找到一席之地。

正是文化的多元性，才导致了文化的凝聚性，也正是文化的凝聚性融合了文化的多元性，二者相辅相成，统一于城市文化的特征之中。所以，越是具有多元性、开放性的社会，其凝聚力就越强，文化创造力就越强，生命力也越强。这种凝聚性、多元性高度统一的城市文化，其发展速度和创新水平，代表了人类文化发展的新天地、新境界。

（三）创新性和先导性

城市文化的开放性、多元性、集聚性和凝聚性，形成了城市文化的"融合优势"。通过长期的历史文化的积累和传承，借助现实生活中丰富多元的文化资源，超越现实，预见未来，创造出新的社会观念和社会思想，形成新的文化内容，也成为城市文化的一大特征。

城市文化处在社会政治、经济、教育的中心，既集中了高素质的文化人才，又能兼容并蓄，较快地接受外部先进的文化传播，并将其统一于自己的再融合、再创造之中，因而具有极强的超越现实局限的能力，从而形成连续不断的创新能力。各种人才的流动、资源的组合，各种新的发明、新的发现，是它源源不断的创新之根、创新之源。

城市文化的每次创新和突破，每种新思想、新技术的形成，都会通过名目繁多的大众传播媒介的迅速传播以及快捷的交流和运用，迅速向其他城市以及地区辐射，其辐射功能又总能开风气之先河，引领时代之方向。城市文化犹如一面旗帜，引领着社会发展的方向。

（四）娱乐性和消费性

城市文化的娱乐性和消费性是其区别于其他文化形式的重要特征。

城市是从事各种产业和生活的人群的聚集，因此由城市创造、以城市大众为消费主体的大众娱乐文化便应运而生了。大众娱乐文化是指在现代城市中产生，以城市大众为消费对象，通过城市大众媒体进行传播，按市场规律进行娱乐消费的文化。这种大众娱乐文化具有三个特征：为大众娱乐消费制作商品文化，具有无深度、模式化、易复制等特点，具有明显的娱乐性。

城市大众文化很大程度上是一种商业文化，文化的生产者和消费者是分离的，生产者的目的是为了让别人消费。因此，大众文化的生产已经纳入现代城市社会分工和专业化的轨道，生产者会随时将诸如高雅文化、民间文化、历史文化等各类文化纳入市场，以满足大众不断增长、不断变化的消费口味。

（五）本土化和全球化

1. 城市文化的本土化特征

每座城市都有自己的历史传统、文脉特色，特别是那些具有深厚本土文化的城市，随着岁月的流逝，日益彰显出它们文化方面独特的魅力，法国的巴黎、英国的伦敦、中国的北京、意大利的罗马、德国的柏林……都是其中的典型代表。城市文化的本土化一方面体现在历史建筑物以及其他看得见的文化遗产上，另一方面也体现在这座城市居民的文化作品和文化心理上，反映在这座城市世代形成的风俗礼仪、民间艺术、饮食习惯、俚语方言上，这些都早已经内化为城市居民世代相传的心理依附，成为他们精神家园重要的组成部分。

2. 城市文化的全球化特征

全球化不仅使得世界各国城市经济活动相互依赖，同时也使得城市之间不受地理限制而进行文化方面的自由交流。俗话说"四海一家"，世界上任何城市里人们的本地生活可能就是全球的生活。今天，无论在北京、西安、上海、广州，还是在纽约、伦敦、巴黎、悉尼等世界上任何地方，随处可见麦当劳、肯德基、牛仔裤、PLADA手包、可口可乐饮料、肥皂剧，可以欣赏好莱坞大片，也可以通过网络随时了解各国风情。广泛的文化传播使每个城市都浸润在全球化的文化之中，各国城市居民的信仰、习俗和趣味的趋同常常不再受限于本土和本民族的范围。全球化文化带来的时空距离的压缩，把世界各地不同城市的居民推上同一个舞台，并使人们真正生活在一个"地球村"。

当然，城市文化的全球化并不意味着其同质化、一体化。在不同的历史条件下，不同民族创造了多种多样的城市文化，其内部也都经历了几千年的整合，形成了根脉性极强的文化因子。正是由于全球化推动了各民族间的文化交往和相互碰撞，城市文化的差异性、多样性才凸显出来，形成了异彩纷呈、竞相发展的各国城市文化的灿烂图景，正所谓"民族的才是世界的"。

如果丧失了文化的本土化、多样性，那么最终将导致文化的平庸化，人类将面对的只能是工业革命、信息革命制造出来的一堆垃圾。

城市是"五方杂处"的地方，城市文化本身就是一个开放的系统，它是集各种文化之长，不是简单的接受和拼贴，必须有一个逐渐移植、适应、再创造的过程。城市文化融合的目的是丰富或创造城市新的文化，而不是取消本土的文化。只有在传承中广泛吸收外来优秀文化的精髓，并在此基础上持续创新，城市文化才能不断发展和完善。

第二节 城市文化的功能

一、《城市文化北京宣言》

2007年6月9~11日，来自世界23个国家和地区的1000多位市长、规划师、建筑师、文化学者、历史学家以及其他各界关注城市文化的人士相聚在北京，讨论了全球化时代的城市文化转型、历史文化保护、当代城市文化建设等议题，达成共识，并以《城市文化北京宣言》的形式公布于众。主要内容如下：

1. 新世纪的城市文化应该反映生态文明的特征。城市是人类最伟大的创造，也是导致全球一系列重大变化的主要因素之一，那种人类中心主义的观念、掠夺自然资源的发展模式已经不可取，减少城市发展对自然环境的压力，修复被破坏的生态系统，实现人与自然、城市与乡村之间的和谐，应该成为城市发展的基点。中国传统的天人合一理念，尊重自然、道法自然的思想，是珍贵的世界文化瑰宝，也是对今天的城市发展具有重要价值的基本原则。21世纪的城市应该是生态城市。

2. 城市发展要充分反映普通市民的利益追求。城市是市民的居所，也是市民的精神家园。普通市民是城市的主人，是城市规划、建设的出发点和归宿点，也是城市文化的智慧源泉和驱动力量。坚持面向普通市民，同时回应不同人群的诉求，特别是贫困阶层、弱势群体、边缘人群的需求应该成为基本价值观和行为准则;深入科学地研究普通市民对居住、就业、交通、环境以及情感的需要,塑造充满人文精神和人文关怀的城市空间,是当代规划师、建筑师和文化学者的历史使命。民众的利益高于一切,城市规划建设如此,城市文化亦然。应该保证市民参与城市发展决策过程的机会,任何好的决策都是市民自己的选择。城市发展的本质应使市民生活得更美好。

3．文化建设是城市发展的重要内涵。市民的道德倾向、价值观念、思维方式、社会心理、文化修养、科学素质、活动形式、传统习俗和情感信仰等因素是城市文化建设的综合反映。城市规划、建设必须特别重视城市文化建设,城市的形态和布局要认真吸取地域文化和传统文化的营养;城市的风貌和特色要充分反映城市文化的精神内涵,城市的建筑和设施要努力满足普通市民精神文化和物质的基本需求。建设形神兼备、浑然一体的城市,实现城市建设形式与城市文化内涵的完美结合,是城市规划建设的基本要求和目标。在信息化的今天,文化作为一种重要的城市功能,具有前所未有的重要作用,是城市发展的主要推动力量之一。加强城市文化建设,完善城市服务功能,提升城市生活品位,任重道远。

4．城市规划和建设要强化城市的个性特色。当今城市发展中普遍存在着形象趋同、缺乏个性的现象,"百城一面"、"千城同面"的现象屡见不鲜,富有特色的城市街区、建筑正被标准化的开发吞噬,优秀的地方文化、特色建筑正在城市更新改造中消失。面对全球化、现代化对于民族文化和地方文化的冲击,要通过深入的城市设计、广泛的社会参与和有效的城市管理,让我们的城市街道、广场和建筑演绎城市内在的气质、情感及其文化底蕴,让我们的城市特色蕴含在每一个细节和活动中。特色赋予城市个性,个性提升城市竞争力。继承基础上的创新是塑造城市特色的重要途径,要拒绝雷同,彰显个性,也要反对有损于传统、有碍于生活的荒诞媚俗。成功的城市应该具备深厚的文化积淀、浓郁的文化氛围和美好的城市形象,它不仅是当代的景观,也将成为历史的荣耀、民族的骄傲。

5．城市文化建设担当着继承传统与开拓创新的重任。城市是全人类的共同记忆;文化遗产见证着城市的生命历程,承载和延续着城市文化,也赋予人们归属感和认同感。城市文化建设要依托历史,坚守、继承和传播城市优秀传统文化,减少商业开发和不恰当利用对文化遗产和文化环境带来的负面影响。城市的生命力在于创新,成功的城市是在保持自己文化特色的基础上进行再创新的城市。要积极发展创意产业和服务业,促进城市经济升级转型和城市功能的完善,顺应现代生活需要,促进人的全面发展;要借鉴和吸收全人类的文化成果,扩大民族文化的外延,更好地弘扬本土文化。

二、城市文化的功能

从《城市文化北京宣言》的阐述中，可以将城市文化的功能总结如下：

（一）城市文化引领城市革命

城市文化作为人类在城市发展中创造的物质财富和精神财富的总和，作为城市市民生存状况、行为方式、精神特征以及城市风貌的总体形态，是城市发展的灵魂，城市文明的标志。在当代城市化发展过程中，城市文化扮演着越来越重要的角色，影响着城市发展的方向，引领着城市革命的进程。

世界城市化进程始于欧洲，至今已有200多年的历史，尽管时间不长，但城市化进程却比有史以来任何形式的社会变革带给人类的影响都要大。从20世纪80年代开始，我国开始了城市化进程，不到40年的时间里，迅速打破了人口流动平缓、流量均衡的传统城市发展模式，原本分散在乡村、城镇、中小城市以及不同地区的人力资源、经济资源、文化资源等迅速实现了向中心城市集中的态势，在内地初步形成了现代城市格局，并向着更为壮阔的城市化演进。

这种城市化进程在全球化背景下对城市本身乃至社会造成的巨大影响，无论在范围上还是程度上，都呈现出不断加速和不可阻挡的态势，使社会的生存发展在总体上越来越依赖于城市的结构和形态；同时，城市化进程在深刻改变现实世界的同时，自身在性质、功能和形式上也都发生着重大的变革。城市不仅自身一体化程度很高，而且核心城市与其他地区包括境外的经济联系、文化联系也越来越密切；交通、通信、金融、商贸、信息传媒、企业服务、旅游等通过市场以现代传输方式、文化方式建立起来的协调发展机制，使城市之间不再彼此孤立；进入成熟期的城市，作为人类历史的最高空间、最好的社会组织形式，其影响早已超越了国家和政治的界限，逐渐成为国际的枢纽和中心。

当代城市在空间形式和内在机制上，都和传统城市有着质和量的巨大差异。就量的差异来说，在人口数量、空间规模以及物流、交通流与信息流等方面，当代城市量的扩展是以往任何传统政治中心城市和工商业城市都无法比拟的。但最重要的是在质的差异上。传统城市的传统形态大部分是作为国家、地区政治中心，包括延伸出的军事中心、工商业中心而存在的，其存在主要是为政治统治提供物质基础，首要功能是如何聚敛与控制社会生活资料与物质财富，包括控制和灌输统治思想及强化秩序，所以，作为传统政治中心的城市可能会限制、压迫其他城市的规模和势力，使其他城市无法成长为与其分庭抗礼的中心。而以国际大都市和城市群发展为趋势的当代城市，其目的和方向与传统城市却有着根本不同，尽管在行政划分上，某些城市不可能成为国家、地区的政治中心,但当代城市的发展空间已经不受任何行政划分和国际区际的限制,多元化发展的城市,从自身已有的历史、地理、社会、文化等人文条件出发,广泛吸纳自然资源、文化资源和人力资源,扩大城市规模,创造城市影响,并且在多元化发展中,形成自己独特的城市发展模式。作为政治中心的传统城市只能是一个,而作为经济中心、工商业中心、历史文化中心、金融中心、科技中心、会议中心和大学中心等各具特色的当代城市却可以有许多个,特别是作为历史文化中心的城市发展势头强劲,城市文化在城市发展中的作用日益凸显。传统国际大都市如北京、巴黎、伦敦、纽约的文化发展越来越成为城市发展的主题。一些新兴城市也因其文化的发展而迅速崛起——世界图书博览会界定了法兰克福的产业优势,电影催生了洛杉矶的城市品位,博鳌亚洲论坛决定了海南小镇博鳌的国际地位,世界互联网大会彰显了乌镇的重要商机……由于文化产业在促进经济的结构性调整和经济增长方式转变中具有不可替代的优势,通过大力发展独具特色的城市文化来界定城市的文化身份和城市功能,已经成为引领城市发生深刻革命的必然趋势。

(二)城市文化革新城市功能

城市文化作为人类文化发展在当代的集大成者,一方面它聚集、沉淀、吸纳了以前的所有文化,包括现存社会发展、文化发展的所有成果;另一方面,它能够利用当代特有的物质条件、科技条件创造全新的文化内容和文化模式,从而对城市形成前所未有的引领、指导和造就作用。当代城市文化直接改写着、解构着甚至颠覆着传统社会政治、经济、文化三要素的深层结构关系,无时无刻地对传统城市的功能进行着变革。

首先,在文化与政治的关系上。传统社会对文化重视与否首先取决于现实政治的需要,而当代社会文化与政治的传统关系已发生了全方位的变化,当代文化生产与消费已不再是简单的政治工具或为政治服务,而是以自身的作用和影响积极参与甚至创造了以文化为中心的新政治话语。例如,美国的好莱坞文化早已渗透到了世界的经济和政治领域,而被称为中国"新四大发明"的高速铁路、扫码支付、共享单车、网络购物,也日益成为影响全球政治和经济生活的潮流和内容。

其次,在文化与经济的关系上。传统社会经济与文化的矛盾集中体现在物质生产与精神生产的对立层面,精神生产正是因为其与物质生产、经济活动无必然联系,才构成精神生产的基本内涵。然而,当今社会随着知识经济、创意经济、虚拟经济、文化产业等新兴经济方式的出现,物质生产与精神生产之间的差异正逐渐消失,那种不直接生产物质财富或满足消费的精神劳动已不复存在。方兴未艾的创意产业、文化产业创造的文化经济,向人们充分展示的正是原本与经济活动关系疏远甚至根本对立的精神生产与文化消费,并且已成为当代经济社会发展中一支有着远大前景的生力军。"文化是生产力",城市竞争力的核心是文化产业,"虚拟经济学"等相关理论已经被越来越多的人所认可。

第三,城市文化直接改变着自身生产与自身消费的存在方式。借助于文化产业与文化商品的巨大经济利润,当代城市文化具有了越来越多的独立性和更为广阔的发展空间,而且自身的生产方式也发生了重大变化。文化不再是纯个人的精神活动和模仿式的重复,而是具有了类似于工业化生产的规模和方式,并且凭借对当今世界经济社会所形成的重要影响,在城市发展力、城市影响力中占据其他产业无法替代的地位。对于城市综合竞争力而言,文化产业既是一个重要标志,又是城市可持续发展的重要资源之一——当文化成为一个大都市的象征和代表的时候,足以使人真正感受到它在人类生活中的地位和意义。

随着城市文化作为精神生产与文化消费中心地位的确定与不断稳固,当代都市不仅仅是经济、金融、交通、信息、服务业的中心,也日益成为精神生产与文化消费的中心,并在审美意识形态、精神生产与文化消费、审美趣味与生活时尚等方面取得了决定性的"文化领导权"。城市文化所塑造的城市形象影响着城市在国际国内的地位,城市文化所带来的巨大经济利润改变着城市GDP的数量,城市文化的审美意识形态塑造着城市的建筑风格和城市品位,城市文化所带来的社会新民俗引领着城市的生活时尚。可以说,文化正在引领城市革命,正在重新定义城市个性和城市功能:说起洛杉矶,人们便想到好莱坞电影;说起法兰克福,人们便想起世界图书博览会;杭州把自己定位于"休闲之都",大连定位于"服装之都",上海定位于"创意之都",无不以文化当家。通过大力发展独具特色的优势文化产业来界定城市的文化身份和城市功能,已经成为城市文化变革城市功能的必由之路。

(三) 城市文化推动城市经济

知识经济和大众传媒的发展以及人们对精神文化需求的增长,使得文化产业异军突起,成为全球发展最快的产业之一。以文化娱乐、影视及音像制品、新闻出版、文化旅游等为主体的文化产业,被国际经济学界公认为"朝阳产业",与这些产业相伴而生的文化产品已成为全球最大的创汇产品。以这些产业和产品为主体所构成的城市文化正成为一个城市重要的经济增长点。

目前,美国的影视业已成为全美居于前列的创汇产业,与航空航天业和电子业并驾齐驱;日本文化娱乐的经济收入,与其汽车工业的产值接近;英国文化产业发展的平均速度是整个经济增长速度的近两倍;韩国的"文化产业立国"已成为一项基本国策，电影、电视、广播、出版、报纸、娱乐等已走向集团化、规模化发展的道路，形成了许多大型的跨国文化产业集团，使得"韩流"在全世界传播；英国曼彻斯特作为传统的工业城市，通过一系列文化体育产业的植入和产业转移、调整，被重新打造为文化之都；英国伦敦提出"文化是城市的名片"，着力加大文化及相关产业发展；新加坡提出"文艺复兴城市战略"，以推动其进入知识经济时代；中国台北打造"亚太文化之都"新形象以提升国际能见度；中国香港"全方位发展艺术"，已成为城市发展的重要战略。可见，大力发展文化产业以提升城市经济实力和影响力已成为世界城市发展的普遍潮流，"大城市以文化论输赢"已成为世界共识。

不仅如此，文化产业的繁荣，使城市对跨国公司的吸引和聚集能力大大增加。目前，全球跨国公司总部和区域总部最集中的三个城市纽约、东京、伦敦，正是文化产业非常发达的城市。一个有着良好的文化土壤和氛围的城市，一个具备文化开放和兼容禀赋的城市，将会大大减轻跨国公司本地化压力和跨文化管理的难度，从而降低管理成本。

另外，良好的城市文化环境还是吸引人才的重要因素。这里的城市文化环境既包括城市的硬件设施，诸如便捷的交通设施、宜居的生活环境、舒适的休闲场所等，也包括城市的软环境，例如自由开放的人文背景、沟通无阻的交流氛围、适于创造力发挥的工作环境等。一个有着良好文化底蕴和高素质生活质量的城市，适宜人们健康而幸福地生活、快乐而努力地创造，适宜人们安居乐业，创业发展。

（四）城市文化提升城市品质

城市作为人类生活的集聚地，本身就要具备相对完善的功能和高品位的素质。完备的城市公益性文化基础设施、完善的城市公共文化服务、优良的公共文化产品、丰富多彩的文化生活，是城市居民获得高素质生活的必要条件。提高城市居民素质，既依赖于完备的基础教育和良好的高等教育，也依赖于总体的文化活动和文化氛围。图书馆、博物馆、科技馆等大量文化基础设施的设置，广播、电视、网络资讯业的便捷，文化娱乐产业的发展，既为城市居民的智力成长和知识积累提供基础性支持，又有助于人们在社会生活的主要方面形成共同价值观念和实现精神提升，同时，还给在紧张的城市节奏中工作的人们不断提供开放、宽容、多层次和多方面的休闲生活空间，不断满足他们日益增长的精神文化需求，增强他们的获得感和幸福感，以及对所在城市的认同感，从而形成城市的向心力、凝聚力。

首先，城市聚集各类产业，汇集各类专业人才，需要门类齐全的大学、医院、图书馆和各类科技、文化艺术研究机构；城市汇聚和传播信息，需要有发达的新闻出版业、信息咨询业以及足够的报刊、广播、电视和网络部门；城市吸引着越来越多的行业、人群，需要大众的、普遍的娱乐休闲业；城市作为人群集散地，必须为工作生活于其中的居民提供种种文化生活设施和氛围，如广场、花园、博物馆、展览馆、游乐场等。这些都是一个现代城市应当具备的适宜人口居住的基本素质。

其次，除了一些基础设施，城市还应具备数量众多的科研机构、高科技产业、各类大学以及完备的基础教育体系，既保证城市的现代化功能，又对提高城市居民的文化生活水平提供良好的客观条件，为促进城市居民思想道德素质、科学文化水平乃至全面发展提供了精神动力和智力支持，从而为城市综合竞争力的提升提供了良好的基础条件。

（五）城市文化促成城市特色

城市特色既有形地凸显在城市的形态、布局、建筑、设施、道路、园林绿化和环境上，也无形地蕴含在城市的历史、文化、教育和城市居民的文化素养、时尚风俗上。没有文化的城市是没有特色的城市，是单调的、低水平的城市，城市记忆的保存、历史的延续、文脉的保留，不仅靠完善的基础设施、良好的生态环境，更在于城市历史遗迹的保护、深厚的文化底蕴和文化内涵，在于城市居民的文化创造能力，而这些正是构成城市最具特色的要素。

展示城市特色，首先靠的是城市文化的魅力。凡国际性城市，总是能够通过自身富有特色的城市形态、布局、标志性建筑，特别是城市的历史风貌、文化品牌和艺术节庆给人留下深刻的印象，如被誉为"永恒之城"的罗马、"音乐之都"的维也纳、文艺复兴发祥地佛罗伦萨（图3-2-1），还有著名的"现代文化之都"纽约，以浪漫个性和悠久历史文化著称的巴黎等。

图3-2-1
佛罗伦萨鸟瞰
（来源：《建筑的涵意：在电脑时代认识建筑》）

最为典型的是瑞士小城日内瓦，只有人口30多万，但却是联合国欧洲总部、WTO总部、世界卫生组织、国际劳工组织等十几个世界性机构组织的落脚点，其原因就在于这里多元开放的文化氛围、中立的政治环境，使得其具有其他城市所无可比拟的吸引力。

其次，城市的文化节庆活动也日益拓展着其文化能力和集散功能，成为城市特色和城市形象的重要组成部分。华盛顿的"林肯中心艺术节"、蒙特利尔的"蒙特利尔电影节"等国际性文化艺术节庆活动，大大提升了城市形象和国际知名度；"爱丁堡国际艺术节"使英国小城爱丁堡声名远扬，"戛纳电影节"使法国小城戛纳家喻户晓；中国的纳西文化、古城风貌让偏远的丽江成为国际旅游热点，一部《大红灯笼高高挂》的电影也让平遥古城一夜之间成了旅游热门景点；一年一度的"世界经济论坛"让人口不过万人的瑞士小镇达沃斯获得极高的国际关注；两年一度的"博鳌亚洲论坛"更是令世界风云人物云集，迅速使海南小镇博鳌走向世界。

此外，建筑作为重要的文化要素也是形成城市特色的必要条件。一座城市的建筑往往凝聚了城市的历史记忆，展示了城市的审美风格，体现了城市的人文精神，成为这个城市的标志。巴黎的卢浮宫、蓬皮杜艺术中心、埃菲尔铁塔，悉尼的歌剧院，纽约的大都会博物馆，北京的故宫、颐和园，这些不朽的建筑给它们所在的城市带来的是永恒的骄傲和纪念，人们记住了这些建筑，也就记住了这些城市。

综上，城市文化是城市最重要的无形资产，唯有发挥文化的独特影响力，才能树立鲜明的城市形象，提高城市的知名度，从而为城市发展开拓更加美好的前景。因此，城市文化的全部任务就是从城市发展的实际出发，维护全体民众的共同利益，建设全体居民的核心价值体系和共同理想，创造良好的文化环境与和谐的人居环境，激发全体居民的创造活力，培养更优秀的建设人才，促进城市更好、更人性地发展。

第三节　城市文化与城市规划

一、传统城市文化与城市规划

城市规划与城市形态在特定的历史时期受到君民关系的影响，也受到城市经济，特别是工商业结构的影响，可见城市的传统价值取向通过城市的形态与规模得到体现。

中国古代城市受到儒家思想和礼制的影响,产生了以《周礼·考工记》为代表的规划思想。受佛教文化的影响,南北朝时期在城市内兴建了大量的寺庙。而历代都城的选址大都受到传统文化的影响等。不同的城市文化还体现在不同的城市性质中,反映在城市规划上则表现为城市性质与城市功能布局的差异,如宗教城市、政治城市、商业城市、自治城市等,都在形态上有所区别。

文艺复兴时期的城市文化对当时的欧洲城市建设产生了巨大的影响。1452年,建筑师列昂·巴蒂斯塔·阿尔伯蒂的建筑理论专著《论建筑》继承了古罗马建筑师维特鲁威的思想理论,对当时流行的古典建筑比例、柱式以及城市规划理论和经验作了科学的总结。他主张首先应从城市的环境因素来合理地考虑城市的选址和造型。1464年,佛罗伦萨建筑师费拉瑞特在他的著作《理想的城市》中向人们呈现出一个理想城市的设计方案,打破了中世纪城市的中心地带,给城市的人文景观带来了根本性的改变。文艺复兴时期还诞生了城市规划的概念,但是当时的城市仍强调"封闭"的特征,随后巴洛克风格的城市则更加"外向"。巴洛克城市首次被看作一个空间的系统,用透视法展现城市,把城市作为君权的象征。这样的风格始于罗马,如通往教堂的大轴线,以强调教堂的重要地位,典型的例子就是罗马圣彼得大教堂广场、波波洛广场等。之后在17世纪的沃·勒·维康府邸、凡尔赛宫乃至巴黎城市广场的设计中大量运用,其中凡尔赛宫最为典型。巴洛克的城市建设就其形式而言,是当时欧洲宫廷中形成的戏剧性场面和仪式的缩影与化身,实际上是宫廷显贵生活方式和姿态的集中展示。文艺复兴时期建造的理想城市虽然凤毛麟角,但对当时整个欧洲的城市规划具有深远的影响,许多具有军事防御意义的城市都采用了这种模式(图3-3-1)。

图3-3-1 形成于17世纪的九角星形要塞——意大利Palmanova市(来源:《建筑的涵意:在电脑时代认识建筑》)

二、当代城市文化与城市规划

在当代城市规划实践中，城市文化通过塑造城市规划决策者（包括决策者、规划师及公众）的意识形态来影响城市规划的编制。同时，通过制约城市规划决策制度，直接干预规划方案的选择，包括城市总体格局、城市肌理、城市形象和建设效果等。两方面共同作用最终确定城市规划方案。城市文化对规划决策个体的意识形态的塑造具体表现在：通过影响规划决策者的社会观确定城市总体格局；通过影响规划师的价值观干预城市肌理；通过影响公众个体的人生观间接塑造城市形象。

由于城市文化通常依托具有强烈的可识别性的城市空间而存在，因此，当某个范围内的城市建设按照规划方案完成后，也就意味着原来的城市文化空间载体在可识别性程度方面的变化：强化的可识别性增强了原来空间的文化集聚效应；反之，弱化的可识别性将削弱原来空间的文化集聚效应。这种强弱变化从正反两方面改变了地域特色，原先的地域特色经过较长时间的漂洗、过滤，积淀成为新的城市文化，从而又对城市建设产生影响，引起新一轮循环。

西方著名城市规划师，如刘易斯·芒福德等，十分强调城市文化在城市规划与建设中的作用。他们认为任何城市都不可能脱离它存在的文脉，脱离它所扎根的文明。芒福德还把"文化储存、文化传播与交流、文化创造与发展"称为城市的三项最基本功能。科尔曼站在未来城市规划与发展的角度批评了20世纪的城市规划与建设，他认为目前"在创建既适合于'现代的城市'又包容'未来的城市'的理论是不成功的"。他告诫欧洲人，不仅要从书本上学习建筑城市的艺术，还要通过对存在于人类居住形式中的整个文化史的学习来把握建筑城市的艺术。

三、基于城市文化的规划设计方法

城市文化不是孤立的、抽象的概念，它必须依托于城市的各项建设，通过空间的变化来培育和实现。建筑、桥梁、道路都是城市文化的载体，所以在规划时，只有用城市文化之"神"来塑造城市之"形"，才能使城市的"形"处处折射出城市文化的精神与内涵。城市规划的不同阶段对城市空间的影响是不同的，并且是分层次的。具体的规划设计方法可从以下几个角度出发：

1．在城市总体规划阶段通过城市定位诠释城市文化形象。城市总体规划的一个重要任务就是确定城市的性质，即城市定位。城市定位与城市文化是紧密相关的，正确把握城市性质，有利于确定城市的发展方向和布局结

图3-3-2 华盛顿哥伦比亚特区鸟瞰（来源：《建筑的涵意：在电脑时代认识建筑》）

构，而对城市文化发展而言，城市性质的确定实际上也给城市文化描绘了基本形象，如英国伦敦提出了作为"世界卓越的创意和文化中心"的目标定位，并相应地制定了打造世界级文化城市的措施；中国苏州的城市定位是"历史文化名城"，因此苏州的城市文化形象就不能像上海那样朝着"国际化大都市"的方向建设；美国首都华盛顿则是典型的政治中心城市形象（图3-3-2）。

2．根据城市文化特征安排城市的空间布局。无论是历史文化还是现代文明都是城市文化的有机构成部分，它们都必须借助一定的空间展示自己的特色，即城市空间隐含着一个城市的文化信息。比如城市街道，在组织城市景观轴线的同时，也同时在组织着城市居民的生活。因此，如何对城市各级街道空间进行设计，如何从城市整体对道路系统进行分级，如何为城市居民提供方便、安全、舒适的交通等，都需要同时考虑如何去反映城市文化的特色。再如，在处理老城与新城的关系上，如何在尊重和传承历史文化遗产的基础上进行旧城区改造，在新城建设方面，如何协调好与老城区的功能分区等，这些问题的解决都应考虑城市文化的独特需求。

3．根据城市文化选择城市产业发展。结合区域条件和现代产业发展趋势，科学选取城市主要产业，不仅是城市文化发展的要求，更是城市发展的内在规律。例如倡导生态文化的城市，其产业无论是在材料的选取、能源的使用还是产品的生产等方面都需显示出生态化的特点，构建包括生态农业、生态工业、生态旅游、生态商务等生态型经济体系的创新文化城市。

4．在城市设计阶段通过对城市肌理的分析诠释城市文化历史。每一座城市都有独特的历史，在空间上的表现就是各式各样的城市肌理。如苏州的"水道脉分棹鳞次、里闾棋布城册方"，就是其水乡文化的鲜活反映；天津市中心城区的"河、道垂直与河、路平行"的路网格局，则是海河文化和殖民地文化共同作用的结果。城市设计是城市规划全过程中与城市空间结合最紧密的阶段,规划方案直接影响到城市肌理的发展。如果规划方案注重城市的文化基因传承,则城市肌理将作为一种空间传统特色被延续下去。

5. 根据城市文化指导城市景观设计。城市规划虽然不涉及景观风格的设计,但应对城市景观设计提出原则性要求。市容景观等城市外在形态是彰显城市个性内涵的载体,景观所蕴含的文化理念,价值取向及象征意义等都是城市文化的重要组成部分。无论是建筑的布局、建筑的式样、建筑的色彩都浓墨重彩地传达着城市文化的信息。用城市文化作指导,进行城市景观的设计与创造,既能体现建筑的特色性、多样化与协调性,又能表达城市自身的内涵与精神。

6. 通过城市环境要素诠释城市文化基调。城市环境要素由软质景观要素和硬质景观要素构成,软质景观要素主要指城市植被,各个城市因地理条件不同而植被各异,而人们选择的市树、市花等更被赋予了特定的文化意义,因此在不同的城市地段分布以不同植被对文化环境具有重要影响;硬质景观要素指道路铺装、围墙、栏杆、标牌和电话亭等,这部分的内容与人们日常生活关系最为密切,是人可触摸的范围,也是视觉可精细辨认的领域,最能直接体现城市文化的基调。[①]

---

① 吴志强、李德华. 城市规划原理(第4版). 北京:中国建筑工业出版社,2010,9.

第四章 城市文化的类型

从不同角度进行划分,可以将城市文化分为多种类别。例如,从城市文化所属行业出发,可以将城市文化分为企业文化、教育文化、军队文化、医疗文化、管理文化,等等;从城市文化的功能出发,可以将城市文化分为电子商务文化、建筑文化、交通文化、饮食文化、服饰文化、礼仪文化、消费文化、旅游文化、大众娱乐文化,等等;从城市文化发生的时间出发,可以将城市文化划分为节庆文化、日常文化、夜游文化,等等;从城市文化发生的地点出发,可以将城市文化划分为景区文化、校园文化、商场文化、社区文化、广场文化、网络文化、厂区文化,等等。随着时代的发展,城市文化的类别还会有所变化,尤其是随着4G、5G时代的到来,围绕着网络产生的种种文化现象以及文化种类还会继续丰富,城市文化的类别将会有增无减。

第一节 城市建筑文化

一、建筑与城市

建筑对于城市而言，可谓是"缩小了的城市"，而城市对于建筑而言，则是"扩大了的建筑"。建筑的生命取决于人的需要，建筑的品质决定于它和环境的契合度。建筑与城市在文化、环境、空间等许多方面都表现出诸多深层关系。历史在发展，环境在更新，文脉在延续，建筑应将本体的形态与文化的基因寓于城市之中，保持其与城市文化的深层联系。只有从城市文化的角度出发，强调建筑与城市的有机结合与生长，才能将建造房屋转化为创造建筑艺术的杰作，从而达到建筑与城市共生共融，和谐发展。

建筑在现实生活中无处不在，人类活动离不开各种建筑或建筑环境，不论是古代的，还是现代的，不论是西方的，还是东方的，各式各样，林林总总。《辞海》对"建筑"的解释是：（1）建筑物和构筑物的通称；（2）工程技术和建筑艺术的综合创作；（3）各种土木工程、建筑工程的建造活动。英国的《韦氏大词典》这样解释"建筑"：（1）设计房屋与建筑房屋的科学及行业；（2）构造的一种风格。

从以上这些论述可以看出，建筑是一门科学，其目的是提供适合人们居住与活动的场所。建筑所涉及的功能需求、精神需求、材料及技术等，一直受到相关学科发展的影响并不断持续演进。建筑的样式是以人类文化作基础，通过建筑设计和工程实践共同构造出来的，因此往往具有一定的艺术性和时代特色，这就必然会使人联想到深藏在建筑背后的人文精神，注意到蕴含在建筑当中的文化观念。

二、建筑的文化内涵与差异

建筑作为人们依据材料而进行的一种艺术创造，首先受到一定阶段经济、政治、文化的影响，不同民族的建筑行为，还要受到本民族文化特质的影响和制约。古希腊通过艺术再现神话世界，发扬了人性的光辉，以神庙为代表的古希腊建筑是把信仰、科学、艺术进行结合的文化创造；中国古代文化也起源于神话，且在富有东方色彩的文化根基上形成了独特的建筑文化。

（一）中国传统建筑的文化内涵

中国古代建筑文化理念、式样、格局是"天人合一"的哲学观、自然观的产物。从"天人合一"出发,以道德行为为中心,中国周代形成了以"礼制"为代表的人文思想,建立了中国文明的伦理秩序。这种秩序反映在建筑的空间上,形成了中国建筑所特有的空间观,在选址和布局时,中国传统城市就极其重视与周围自然环境以及社会礼制的相容性。

1. 中国传统的"天命观"

从周代开始,中国人建立了"天命"观念,代替了神话,"天命"是对人的道德、行为的约束,规范人们合乎"天命"的行为的文化因子,人的道德、行为又是"天命"的体现,"天人合一"、"师法自然"的哲学观从此诞生。"天命观"就是认为人的生命和命运不是由自己掌握的,而是由自然界在控制着。这样的观念最初是由人在与自然界的斗争中感到了自然力的伟大和人力的渺小所致,由于低下的科技水平和有限的认知能力,人们只能从自然界中获取生命资源,人的生命在很大程度上受自然界的制约,甚至依赖于自然界的恩赐和赋予。但是,自然界又是不远人的,它不仅供给人类生存的资源和营养,而且又能够应人愿而施恩于人。在符合天道规则的基础上,天与人是相合的,这样一来,天人合一的哲学观便成为中国先民的哲学,在这样的哲学指导下的生存方式成就了中国人的传统"天命观"。

在这样的"天命观"当中,人和天之间有冲突,不会总是完全一致,但又是不能分开,人和天最终是结合并统一起来的。所以说,与西方宗教或创世神话中人要完全归附于某种神灵、上帝的思维方式不同,中国先民的观念中,人和天是统一的,人命或许抗不过天命,但人力可以战胜天力,这就是古人所说的"人定胜天"。《尚书·泰誓》中讲:"人为万物之灵,天视自我民视,天听自我民听。"其中就包含了对人的主体地位和主体角色的肯定。

2. 中国传统建筑包含的文化内容

第一,建筑的均衡、对称。就大自然的个体而言,均衡、对称是基本特征,是构成和谐的基本要素。如上天赋予的人体造型、动物形体、植物形状,都是均衡、对称的。中国建筑从一开始就顺应自然造化、建立了均衡、对称的空间秩序。梁思成说过,中国建筑,其所最注重者,乃主要中线之成立。无论东方、西方,再没有一个民族对中轴对称线如此钟爱与恪守。从皇家宫殿、公共官署、佛道庙观以及一般民宅,都依严格的中轴线分布;从群体组合到一室布局都呈现出中轴线的特征。与中轴线建筑形式美相关的,是中国传统建筑群平面布置的均衡之美。均衡,是中国古代建筑基本形式美的特性。均衡的建筑形象,在审美视觉上给人以安稳、持重、冷静而又坦然的感觉。中国古人用对称与均衡创造了建筑的辉煌,在当代瞬息万变、纷繁复杂的世界中,这种温暖、质朴的本质回归也在为当代建筑设计提供着思路和启迪。

第二,建筑布局的井然有序。中国传统的单体建筑大多是长方形"匣子",群体建筑都是井然有序的组合。如果是大型建筑,则有数进、重复合院的组合,其平面布局历来追求东南西北的对称和方位的尊卑。每一处住宅、宫殿、官衙、寺庙等,都是由若干单体建筑和一些回廊、围墙之类环绕成一个个庭院而组成的。在以棋盘横向发展的分布上,有着明晰的主次之分,都是坐北朝南、东西厢房护卫,大到皇家、官邸,小至平民院落,布局上都会准确地反映"天命"观念和礼制的秩序。一般地说,多数庭院都是前后串联起来,通过前院到达后院,这是中国封建社会"长幼有序,内外有别"的思想意识的产物。在成组的建筑中,从单体建筑座次以及形体的大小,一眼便可看出何者为主、何者为从,按身份分配居住空间,有前后之分,左右之别,井然有序。家中主要人物,或者应和外界隔绝的人物(如贵族家庭的少女),就往往生活在离外门很远的庭院里,这就形成一院又一院层层深入的空间组织。宋代欧阳修《蝶恋花》词中有"庭院深深深几许?"的字句,古人曾以"侯门深似海"形容大官僚的居处,就都形象地说明了中国建筑在布局上的重要特征。这种布局是和中国古代社会的宗法礼教制度以及等级观念密切相关的,使得尊卑、长幼、男女、主仆之间在住房上有着明显的差别。

(二)中西方建筑文化的差异

从中西方两大文明各自的发展方向出发,为了维持社会秩序,中国产生了"礼制",西方发明了宗教,从而也导致了中西方不同的建筑文化。

从建筑材料来说,西方建筑喜用石材。如英国巨石文化遗址(图4-1-1),表现了史前人类对自然和祖先的崇拜与畏惧。希腊神庙是人和神对话的处所,具有至高无上、永恒永世的精神价值,因此希腊建筑是用永恒的石头

图4-1-1 英格兰巨石阵(来源:黄磊 摄)

砌成的。而在中国文化中，建筑是为人的居住服务的，没有其他客观存在的价值。在人的序列中，天子为尊，因此皇宫的建筑是最好的，一般民众的住宅由于只有实用的功能，因此也不必求其永恒，所以中国人没有构建出石头的建筑，房屋多是土木结构。在传统五行观念中，土是吉象，居中央，主方正；木象征生气，以青龙为标志，方位为东，土木结合，相辅相成。人在土木结构的房屋中居住，与大自然和谐相处。

从建筑形态而言，在欧洲，古希腊人似乎更倾向于把建筑视为雕刻艺术，相对于较为单一的建筑内部空间，其立面上柱式的造型、比例、构图占据了建筑艺术的主导地位；得益于古罗马建筑的巨大贡献，其后的欧洲建筑除了依旧注重外部造型美的同时，建筑内部空间的塑造也受到重视，尤以中世纪时期兴起的哥特建筑为典型。中国建筑素以群体空间组织为线索，由单体建筑为基本元素，先是组成一个具有组合功能的庭院空间，接着以庭院空间为基本单元向纵、横两个方向重复、延展，逐步构成更大的群体庭院空间。这种基本图式被广泛应用于宫殿、寺庙、民居等建筑类型之中，民居四合院建筑即为典型代表，从而形成不同于西方的建筑形态特征。

从建筑美学角度看，中西方建筑都讲求壮美和优美，且都以美学要素的和谐统一为最高境界。但在西方建筑审美中，优美、壮美两种形式二元并存，相互影响，交替发展；而中国建筑对和谐美的追求更接近一条线性的历史过程，是从早期建筑的壮美向后期建筑的优美逐渐发展的过程。这与中国建筑在观念、材料、形态、布局等方面的特征是相互关联、互为因果的。

三、城市建筑的文化特征

建筑作为文化的一种载体，深刻的历史背景和浓厚的人文精神奠定了其扎实的文化根基。古今中外的著名建筑，无不因其独具特色的文化意义而在建筑史上留下它们魅力永存的地位；建筑的个性特征及其艺术风格，只有在历史文化的背景下才能得到符合逻辑的阐释，也只有体现历史文化特点和它所处的那个时代人文精神内涵的建筑，才会永葆它的文化价值和艺术魅力。

（一）反映科技进步

"技术"泛指根据生产实践经验和自然科学原理而发展成的各种工艺操作方法与技能。除操作技能外，广义的还包括相应的生产工具和其他物质设备，以及生产的工艺进程或作业程序、方法。它是器物（对象、工具、产物）、体制和活动的综合体，与社会的经济、政治和意识形态是一一对应的。可以说技术推动社会，同时社会也选择技术。传统的建筑技术观往往聚焦于建筑结构、材料、机械设备和施工等具体内容与细节，流连于美学范畴，即停留在器物（经济）的层面上，而在体制（政治）与活动（意识形态）的层面上很少涉及。

欧洲工业革命带来的新的科学技术和引起的社会变革直接或间接影响了建筑功能，建筑技术在建筑材料技术、结构技术、设备技术和施工技术等方面取得了较大的发展，但是建筑行业在人类传统行业中仍然处于相对落后的地位。20世纪以来，建筑业有了飞速发展，从手工劳动逐步进入半机械化与局部自动化阶段。现代混凝土技术、钢铁技术、冶金技术以及玻璃技术，无论在跨度上还是高度上都使任何设想成为可能；计算机技术和电子智能技术彻底改变了设计方式、建筑形态、设计观念和建筑性能。

从社会发展史来看，社会的变革与进步都是源自于科学技术的发展，并在建筑中得以直观的体现。人类自从掌握了建筑技术，才得以走出洞穴，栖息在大地之上。希腊建筑的许多技术和特征是承袭埃及而来的。由于古埃及在石材上已发展出一定程序的工法和技术以及最基本的梁柱系统，加上权势的祭司制度和宗教制度，它的神庙已初具规模。除了利用埃及的建筑成果外，希腊人还吸收了埃及金字塔朝"天"的三角形概念，将代表"天"的三角形放置在神庙的梁柱结构上，而成为留传至今的古典神庙形式。因崇拜的神不同——男性、女性与少女，希腊人归纳出三种不同的"柱式"，多立克柱式象征男性，爱奥尼柱式象征女性，科林斯柱式象征少女，希望在人体与自然相融中找出一种永恒的美，而整座希腊神庙的设计，便掌握在以柱式为基础的一套和谐比例之中，将追求和谐与简洁之美、抽象之美，简约化为一整套数字关系，使艺术与科学紧密联系在一起（图4-1-2、图4-1-3）。

图4-1-2
希腊三柱式分析图
（来源：《建筑的涵意：在电脑时代认识建筑》）

从经济发展史来看，建筑技术是经济发展的重要条件之一。无论是古代的人工灌溉渠道、运河、城邦，还是近代的工业厂房、铁路、电力网、码头，抑或是现代的公共建筑如机场、港口、桥梁、高速公路、水库和市政工程等的建设，这些推动经济发展的物质条件都来自于建筑技术的贡献。我国自改革开放以来，通过建筑技术建造的现代化工厂、高耸的写字楼、横跨

图4-1-3 希腊建筑的三种柱式（来源：《建筑的涵意：在电脑时代认识建筑》）

南北的超大型桥梁、纵横东西的高速公路、舒适宜居的住宅群等，已经成为物质文明和人民生活水平提高的最直观的表征。新的交通方式、生活需求使火车站、图书馆、百货公司、博览会建筑等新建筑类型应运而生，并通过建筑技术得以实现。工业革命加速了社会城市化，而建筑技术使得城市化成为现实。

（二）体现时代精神

在人类社会发展过程中，每一建筑都会随着时代的变迁反映出当时的思想内涵与时代精神。古希腊、古罗马并称为西方建筑史上的古典时期，这是一个"人神共存"的时代，虽然有许多神庙，但"人"也是非常重要的部分，神庙正面的柱式基础正是由人体的比例设计、人体的象征含意而来。到了罗马时期，公共建筑的出现，人的对象性即"为人"的目的性则更加明确了。罗马建筑除了继承希腊风格之外，其建筑类型大大扩展，包括提供民众集合的竞技场、广场、公共浴池等公共空间，技术上则发明了拱券和圆顶，解决了梁柱系统在力学上的不足，满足了人们进行公共活动的需求（图4-1-4~图4-1-7）。而希腊时期处于枢纽地位的古典柱式，也在罗马的建筑中失去了绝对的主导地位。

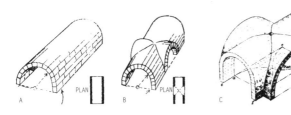

图4-1-4 罗马拱券示意图（来源：《外国建筑历史图说》）

图4-1-5 佛罗伦萨的拱券建筑（来源：王军 摄）

随着基督教的兴起，公元4世纪~14世纪，西方进入了中世纪。建筑形式上，直接将罗马时期人民会堂的横向入口所塑造的包容性空间，转换为前面入口使其具有纵深的庄严气息。为了增进基督教"仰之弥高"的精神，在造型上开始使用高塔以及在技术上发明的可承载圆顶的三角拱，反映了人们对基督教崇高敬畏的情怀。到了哥特时期，为了更强调崇高精神所需要的需仰视可见的垂直向上的空间，建筑在技术上放弃了传统的以墙为屋顶支撑的建筑构造方式，发明了外骨架结构系统，以追求建筑上史无前例的高度。此外，再通过描述《圣经》的彩色玻璃窗和室内的雕塑，更强化了基督教主宰的时代精神（图4-1-8）。

图4-1-6 罗马大角斗场（来源：王军 摄）

图4-1-7 罗马卡拉卡拉浴场复原图（来源：《外国古建筑二十讲》）

图4-1-8 巴黎圣母院内景（来源：王军 摄）

图4-1-9 米开朗基罗广场上的大卫雕像（来源：王军 摄）

14世纪开始出现的文艺复兴运动，以"复兴"古希腊、古罗马的人文精神为标志，以扬弃一切仅仅为奉献宗教的观念为突破，形成西方历史文化发展中一股巨大的思想文化潮流，在建筑上，源自人体比例的古典柱式和古典样式，再度居于建筑的主导地位，同时又有了新发展。如意大利佛罗伦萨米开朗基罗广场上新古典主义风格的凉廊，使用符合古典比例且贯穿一楼和二楼的巨柱形式，开始了文艺复兴尺度虽小但气魄宏大的特质；广场上的大理石雕像——大卫，展示的是一个准备参加战斗的大卫，紧张的肌肉、专注的神情，非常自然，根据解剖学专家最新研究表明，这座高5.5米的雕像人体肌肉比例极尽完美（图4-1-9）。又如帕拉迪奥著名的圆厅别墅，将古希腊神庙的基本样式，大胆而巧妙地转换到私人宅邸的设计之中（图4-1-10）。

到了17世纪和18世纪，哲学家培根、斯宾诺莎、康德等人带动产生"理性"思想，牛顿倡导"科学"思想。在这些思想的指引下，事物的规律成为人类思想的中心，给建筑带来的影响是探究建筑的规律或规则，建筑物不再追求同一种风格和一致的美，而是因情、因势而变。体现在建筑上追求新、奇、特、变化与不稳定、富丽堂皇以及光影效果，运用光影变化和形体的不稳定组合来产生虚幻感；经常采用波浪形曲面、曲线、断折的檐部与山花、疏密排列的柱子来增加建筑的起伏感和运动感，统称为巴洛克建筑。典型代表有罗马的耶稣会教堂（图4-1-11）、圣彼得大教堂（图4-1-12）、西班牙大台阶（图4-1-13）等。

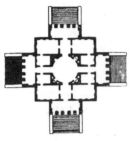 

图4-1-10 帕拉迪奥圆厅别墅（来源：《外国建筑历史图说》）

图4-1-11 罗马耶稣会教堂（来源：《西方建筑史：从远古到后现代》）

图4-1-12 圣彼得大教堂广场（来源：《西方建筑史：从远古到后现代》）

图4-1-13 罗马西班牙大台阶（来源：王军 摄）

自19世纪起，欧洲由于受到工业革命的影响，钢铁被大量使用，建筑师所追求的不再仅仅为宗教与皇室服务，而是希望顾及民众整体；建筑美感上希望通过简单的形式及材料的使用而获得新的美感。"简约即美"的现代观念，配合新材料和新技术，使建筑物完全摆脱传统的束缚，在造型与空间上极度自由，从而开创了现代建筑风貌。代表性建筑如德国通用电气公司汽轮机车间、法古斯工厂、科隆1914年玻璃馆、巴黎奥利飞机库、巴黎富兰克林路25号公寓等（图4-1-14）。1880年，法国摆脱普法战争的阴霾，随后决定于1889年举办万国博览会以彰显国力，主题为庆祝法国大革命胜利100周年。借由这届博览会屹立起来的埃菲尔铁塔（图4-1-15），成为象征法国19世纪工业成就的象征，并最终成为巴黎的地标。当代，一些国际性的盛会成为各国展示文化科技和建筑艺术的舞台，如世界博览会（图4-1-16）、世界园艺博览会（图4-1-17）。

图4-1-14 欧洲近代部分代表性建筑（从左至右：德国通用电气公司汽轮机车间、法古斯工厂、科隆1914年玻璃馆、巴黎奥利飞机库、巴黎富兰克林路25号公寓）（来源：《外国近现代建筑史》、《西方建筑史：从远古到后现代》）

图4-1-15 巴黎埃菲尔铁塔（来源：王军 摄）　　图4-1-16 2010上海世博会中国馆（来源：王军 摄）

图4-1-17
2011西安世园会展馆（来源：王军 摄）

（三）表达风土人情

建筑的内涵不仅反映一定时期的制度文化、时代精神，还表现在对当地的自然条件与风土人文所做出的反映。如果说前者是对神庙、宫殿、博物馆、歌剧院等经典建筑内涵的体现，后者则更多的是对民居建筑的渗透，主要是顺应气候、地形和居民的生活方式自然而然的反应；如果说前者是一种主流建筑、主流文化的体现，那么后者则是民众建筑、民众文化的人文体现。

首先是对气候、地形等生存环境的体现。例如在多雨潮湿的东南地区，为了隔绝地上的水汽，居民经常会将房屋的地面架高，并使用竹或木制地板，既防虫扰，又能保持空气流通，在我国的西双版纳及云贵地区大都采用此种民居形式（图4-1-18）。又如，内蒙古草原上的游牧民族，由于逐水草而居的基本迁徙方式，轻便、易安装、可携带的住屋形式便成为他们的首选（图4-1-19）。濒临爱琴海的希腊岛屿，由于拥有蔚蓝的天空和海洋以及起伏的山丘形态，因此，依山势而建的群聚民宅以及鲜明的白色外墙，也表现出建筑对自然的回应（图4-1-20）。

 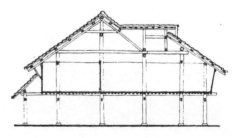

图4-1-18　西双版纳干阑建筑（来源：《中国居住建筑简史——城市、住宅、园林》）

图4-1-19 呼伦贝尔市新巴尔虎左旗蒙古包（来源：《中国传统民居类型全集》）

图4-1-20 濒临爱琴海的希腊岛屿（来源：《建筑的涵意：在电脑时代认识建筑》）

图4-1-21 印第安人的岩石聚落遗址（来源：《建筑的涵意：在电脑时代认识建筑》）

图4-1-22 中国台湾桃源县竹建筑（来源：《建筑的涵意：在电脑时代认识建筑》）

其次，建筑对风土环境的反映还呈现在材料运用上。如印第安民族祖辈生活在盛产石材的峡谷地区，他们便依峡谷地势用石材建造居所（图4-1-21）；一些地区盛产竹子，竹子不仅成为房屋的支柱，同时也用作外墙材料（图4-1-22）。而且这些房屋造型反映风土人情，别有一番韵味，已成为旅游者到访的热点。

（四）传递愉悦美感

法国雕塑家罗丹曾经感叹："美是到处都有的，对于我们的眼睛，不是缺少美，而是缺少发现"。建筑美感的获得，主要是从其外表的形式评判。建筑的美是由于许多要素共同发挥作用而获得的一个完美结合，包括比例、尺度、平衡、对称、统一、变化、对比、色彩、质感等，其美感基础，是要建立一套和谐的秩序，基本的要素是比例关系。希腊人分析出这一比例关系的最佳值是1：1.618或1：0.618，后人称之为黄金比例或黄金分割，他们把它用到建筑物的形体上，从而使建筑获得美感。前文述及的希腊神庙三种柱式，从柱头到柱基各个部分的比例关系，以及神庙各部分与柱子

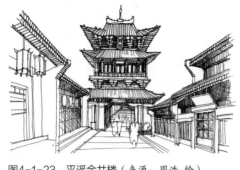
图4-1-23 平遥金井楼（来源：周浩 绘）

图4-1-24 伊斯坦布尔圣索菲亚大教堂（来源：《西方建筑史：从远古到后现代》）

直径固定的比例关系，都体现了这一精神。

在东方建筑中也同样存在着这样和谐优美的比例关系。平遥古城中有一座高达18.5米的金井楼（图4-1-23），它的屋瓦流光溢彩，斗栱装饰精巧，屹立于古城中心，雄踞全城，与清虚观、大成殿等建筑遥相呼应，对应城中大片平缓的灰色民居屋顶，构成古城起伏变化的优美轮廓，又成为城池中的点睛之笔，使观赏者在游览的过程中常常驻足观望，流连忘返，赞叹不已。

建筑物的这套秩序关系，无论放大或缩小，无论放置于城市或乡间，它自身已经具备的和谐比例是不会改变的，不会因周围的事物而受到影响。但是，在城市建筑中，每个建筑并非独立存在，而总是要和周围建筑及各种环境一起，构成一个统一的整体，这种物体之间相对客观的关系在建筑学上称为尺度。尺度追求的正是建筑物与建筑物的和谐，建筑物与周围环境的和谐，甚至还涉及建筑物与人的和谐。建筑师要营造的是使人们处在不同环境中的特定空间感，例如为了显示神的伟大和人的渺小，就需要营造一种令人敬畏的空间感，伊斯坦布尔的圣索菲亚大教堂（图4-1-24）所具有的大空间以及教堂高耸的主殿，都达到了这个目的。

四、古都西安当代建筑的文化求索

众所周知，西安是一座建立在隋唐长安城遗址上的城市。汉唐长安的鼎盛造就了西安在人类历史上独一无二的特殊地位，"重振汉唐雄风"的发展理念自然也成为西安当代建筑创作的风向标。

这其中，以张锦秋的作品为代表。自20世纪70年代末起至今近四十年间，张锦秋在西安地区主持设计了一系列颇具影响力的工程项目。这些项目的一个共同特点，即以鲜明的中国传统建筑形式和空间艺术特征，彰显着西安的城市历史及地域文化。1992年，吴良镛先生为张锦秋的著作《从传统走向未来——一个建筑师的探索》作序:"改革开放,城市建设日兴,西安古都各项纪念性建设工程任务大增,亟须具有新时代精神,并赋予民族的、地方特色的优秀设计。张锦秋脱颖而出,主持了一系列重大工程,这些被名之曰新唐风的创作,得到了中外建筑界人士赞赏,被国家授予设计大师的称号。"尽管"新唐风"建筑具有鲜明的唐风外表,但是由于设计条件和项目背景的不同,其模仿程度、具体手法、技术手段也往往大相径庭。早期的"新唐风"作品,如青龙寺空海纪念碑院、"三唐工程"、法门寺博物馆珍宝阁、华清池遗址博物馆等较为"写实";而近些年的作品,诸如西安博物馆、大明宫丹凤门遗址博物馆、长安塔等,"写意"色彩渐浓。张锦秋作品以唐风为早期特色,经过数十年历练和演进,发展出"和谐建筑"思想及实践。对此,张锦秋写道:"我在设计实践中,逐渐体会到'和谐建筑'的理念包含两个层次。第一个层次是'和而不同',第二个层次是'唱和相应'。……在国际化的浪潮中,一方面勇于吸取来自国际的先进科技手段、现代化的功能需求、全新的审美意识,一方面善于继承发扬本民族优秀的建筑传统,凸显本土文化特色,努力通过现代与传统相结合、外来文化与地域文化相结合的途径,创造出具有中国文化、地域特色和时代风貌的和谐建筑。"(图4-1-25)①

图4-1-25 张锦秋建筑作品:陕西历史博物馆(来源:王军 摄)

---

① 张锦秋. 长安意匠——张锦秋建筑作品集·延安革命纪念馆. 北京:中国建筑工业出版社,2011.

如果说体现唐风汉韵的传统形式建筑已经深入人心的话,那么在现代化的城市环境中创造具有浓郁地域特色的现代建筑,无疑成为古都西安又一个富有挑战性的命题。西安城墙永宁门综合提升改造项目是城市核心区域立体化、集约化和复合化的综合改造工程,建筑师通过"缝合、围合、融合、叠合、复合、整合"的"六合"理念,较完美地解决了这项集交通改造、环境提升、旅游开发、城市更新和文物保护于一体的复杂工程,为西安古城实施了一次成功的"心脏搭桥手术"(图4-1-26)。大唐西市博物馆建于隋唐长安城西市遗址上,建筑师对建筑的体量、尺度、材料等进行了一系列新探索,建筑的外立面材料为仿夯土肌理的大块土黄色板材,暗示着唐代长安城郭墙、坊墙以及西市市墙的墙体均由夯土构筑,其本身也是对历史的呼应。位于临潼区的贾平凹艺术馆以"凹"字为原型衍生出建筑形体方案。此外,还有一些体现西安城市文化的优秀建筑作品,它们都是古都西安当代建筑在探索城市文化和地域特色道路上的有益尝试。从历史眼光看,它们不仅将在西安城建史上留下一抹重彩,而且是未来和谐建筑的先行者和里程碑。

图4-1-26　西安城墙永宁门综合提升改造工程(来源:中国建筑西北设计研究院有限公司)

第二节 城市生态文化

远古时代，人类主要靠采集和狩猎生活，大都栖息在有山有水的森林地区，完全依附于自然。进入农业社会以后，人类依靠大自然的恩赐，进入自给自足的时代，人与自然是一种朴素的、和谐的关系。工业革命以来，人从自然中分离出来，支配自然的能力大大增强，人们生活在钢筋混凝土的灰色森林中，现代化的工业物质文明伴随的是对大自然的过度消耗，城市的不断扩大使人类距离自然越来越远，从而造成了生态的失衡。20世纪60年代以来，人们从工业化带来的负面效应中逐渐认识到，人类永远脱离不了自然的抚育，只有保护好生态，才能保护好人类自身的生存。如何建设好城市公园、水系、园林、绿地，改善城市生态环境，使城市居民生活在一个清洁、优美、安全、舒适的环境中，是城市决策者和建设者的责任。

一、城市生态发展的历史演变

（一）古代城市的园林绿化

中国有关园林的最早记载，始见于殷周之际的"囿"和《诗经》所咏的"园"，都在三千年前。那时园囿是栽种果蔬、捕猎禽兽有关生活的生产单位。[①]由是皇家园林在古籍里被称为"苑"、"囿"、"宫苑"、"园囿"、"御苑"，是中国园林的四种基本类型（自然园林、寺庙园林、皇家园林、私家园林）之一。中国自奴隶社会到封建社会这一阶段，几千年里帝王君临天下，至高无上，皇权是绝对的权威。像古代西方那样震慑一切的神权，在中国相对皇权而言始终处于次要的、从属的地位。与此相适应，一整套突出帝王至上、皇权至尊的礼法制度也必然渗透到与皇家有关的一切政治仪典、起居规则、生活环境之中，表现为"皇家气派"。例如，古代凡是与帝王有直接关系的宫殿、坛庙、陵寝，莫不利用其布局和形象来体现皇权至尊的观念，园林作为皇家生活环境的重要组成部分也不例外，因此在规划、建制、构成上都与皇宫类似。如果从公元前11世纪周

---

① 童寯. 造园史纲. 北京：中国建筑工业出版社，1983：38.

文王修建的"灵囿"算起,到19世纪末慈禧太后重建清漪园为颐和园,皇家园林已历经3000多年的历史,可谓源远流长。在这段漫长的岁月中,几乎每个朝代都有宫苑的建置。清代雍正、乾隆时期,皇权的扩大达到了中国封建社会前所未有的程度,皇权的象征寓意比以往范围更广,内容更驳杂,这在当时所修建的皇家园林中也得到了充分体现,例如圆明园后湖的九岛环列,象征禹贡九州;东面的福海象征东海;西北角上的全园最高土山"紫碧山房"象征昆仑山,整个园林布局象征全国版图,从而表达了"普天之下,莫非王土"的皇权寓意。

西方的造园艺术最早起源于干旱少雨之地,因为"居住问题虽然解决,若缺乏水泉树荫作为调剂,就会感到除为生活必需而栽种果蔬,还需借助庭园绿化来满足心理欲望,以有助于感情安宁和观赏要求……叙利亚东南的伊拉克,远在公元前3500年靠幼发拉底河岸就有花园。再早则有公元前3700年埃及金字塔墓园。作为西方文化最早策源地埃及,温热干燥,只有地中海沿岸雨量充足,但稍南的开罗就患湿度不足,降雨量只有海岸的六分之一。气候干旱,因而重视林荫。公元前3500~500年,尼罗河谷园艺发达……本来有实用意义的树木园、葡萄园、蔬菜园,到公元前十六世纪演变为埃及祭司重臣们享乐审美的私园……传说公元前七世纪巴比伦悬空园,是历史上第一名园,被列为世界七奇之一。"[①]

可见,历代帝王将相、文人雅士有了一定的物质基础之后,不仅追求豪华的物质享受,也向往优美的环境。五千年前古巴比伦的空中花园(图4-2-1),两千多年前秦始皇的阿房宫,16世纪意大利美第奇的别墅,17世纪法国路易十四的凡尔赛宫(图4-2-2),清王朝的"万园之园"圆明园和颐和园(图4-2-3),都反映了这一追求和愿望。

图4-2-1 古巴比伦空中花园(来源:杨黄大树 绘)

图4-2-2 凡尔赛宫(来源:王军 摄)

---

① 童寯. 造园史纲. 北京:中国建筑工业出版社,1983:1-2.

图4-2-3 颐和园（来源：王军 摄）

（二）近代城市的绿色追求

19世纪以来，工业革命和社会化大生产引发城市人口急剧增加，导致城市环境严重恶化。1833年以后，英国议会颁布了一系列法律，开始准许动用税收建造城市公园和其他基础设施。1843年，利物浦市建造了公众免费使用的伯肯海德公园，标志着世界上第一个城市公园的诞生。这一时期，奥斯曼在大刀阔斧地改建巴黎城区的同时，也开辟出了专供市民使用的绿色空间。1858年，纽约市中心建成了由园林师奥姆斯特德规划的3.4平方公里的中央公园（图4-2-4），不仅在市中心建立了一块人工绿洲，而且改善了城市的经济、社会和美学价值，提高了城市土地利用的程度，这一举措标志着现代公园的产生。随后，旧金山、布法罗、底特律、芝加哥、波士顿、蒙特利尔等城市纷纷效仿，北美、欧洲掀起了城市公园建设的第一次高潮，被称为城市建设史上的"城市公园运动"。

1880年的美国共有210座城市，90%以上的城市都建有城市公园，一些主要城市的公园面积都在450～4000英亩之间，而这些公园都是用税收建造

图4-2-4 纽约中央公园（来源：王军 摄）

的，免费向公众开放。城市公园运动得到了各国各界的广泛赞誉，大家普遍认为这些公园保障公共健康，滋养道德精神，体现生活情趣，反映劳动者工作效率，促进城市地价升值，是城市建设的重要内容。

然而，这些被城市密集建筑所紧紧包围的一块块"绿洲"并没有让人们满足。还是在1880年，美国园林建筑师突破城市方格网状格局的限制，建造了开一代先河的波士顿公园体系。该体系以河流、泥滩、荒草地等自然空间为构成因素，以宽窄不等、绵延不断的绿化带的方式，将数个公园连在一起，在波士顿中心城区形成了景观优美、环境宜人又使用方便的公园体系。1883年的美国双子城公园体系规划，1903年的西雅图城市规划，都是以城市中的河谷、山脊等为依托，形成了城市绿地互为联系的自然框架体系，该规划思想成为美国发展城市绿地系统规划的一项主要原则。

（三）现代城市的生态理念

随着经济的发展，城市越来越大，人口更加集中，人们普遍感到只是建造房屋、扩大城市并不能满足多层面的生活需要。1898年英国社会活动家霍华德发表《明天，通往真正改革的和平之路》，提出了"田园城市"的模式；1915年帕特里克·格迪斯出版了《进化中的城市》，提出了"田园城市"的规划理论；同时，法国的柯布西耶提出了城市应在范围之中的集中式发展模式。这几种理论奠定了20世纪初现代城市规划理论指向，从而形成了现代城市规划理论体系。

1933年，国际现代建筑协会签署的《雅典宪章》应运而生，指出现代建筑要与城市规划相结合，要解决居住、工作、游憩和交通四大功能的问题，要在城市建造公园、运动场和儿童游乐场等户外空间，并要求把城市附近的河流、海滩、森林和湖泊等自然景观开辟为大众使用的公共绿地。

第二次世界大战以后，城市建设进入一个快速发展时期，城市无节制扩大，生态系统被破坏，已经危及人们的生存环境。全球兴起了保护生态环境的高潮，城市居民开始把城市绿化与环境优劣看得和住宅、物价同样重要。1972年联合国召开了第一次世界环境会议，通过了《人类环境宣言》，发表了"只有一个地球"的宣言，对城市评判的标准由"技术、工业和现代建筑"转向"文化、绿化和传统建筑"，建筑庭院化、城市园林化、生态化，成为各国城市发展的方向。1977年联合国发表《马丘比丘宪章》，指出"建筑——城市规划——园林的再统一"，把园林作为城市自然环境的重要组成部分。1992年6月，联合国环境发展大会通过了《里约热内卢环境与发展宣言》，促进了社会可持续发展从理论研究到行动措施、从城市建设局部到整个城市环境范围的改革与发展。

（四）中国城市的"天人合一"

中国的城市园林文化，主要体现为将生活环境与自然环境融为一体，将人们的精神文化需求与城市中的自然环境融为一体，充分体现了"天人合一"的理念。

在中国古代，国都皇城严格按照礼法秩序规划建设，不能越雷池一步，然而皇家园林和达官贵人的后花园则完全依兴致而建，山水花草，亭台楼阁，流水潺潺，曲径通幽，是皇室、官绅、士大夫打猎跑马、休闲游憩的场所。秦始皇的阿房宫、曹操的铜雀台、北京的圆明园和承德的避暑山庄以及苏州园林，都是城市园林的代表之作。

唐以后的中国文化出现了儒、释、道三学相融的鼎盛期。道家"人法地，地法天，天法道，道法自然"的自然观，以及"独与天地精神相往来"的"天人合一"观念，丰富了儒家思想的内涵。自宋开始，中国的城市规划和建筑领域突出了人与自然的融合，整个城市的空间感柔和、丰富了许多，城市构建大大减少了刻意为之的痕迹，城市平面的棋盘格局不再那么严格，街道走向更随自然之势，街道之间的距离开始参差不齐。北宋的汴京城就少了些威严，多了些市井，到了南宋时期的杭州、苏州，城市风貌就完全体现了人与自然的融合，大到一个城市，小到一个物体陈设，都是依山傍水，巧妙依附周围环境的自然肌理，于人工中创造天然情趣。

19世纪中期，西方文化及物质文明的进入，对中国古老城市的进程形成了前所未有的冲击。在城市建设上，1868年，上海外滩出现了近代中国境内第一个城市公园，其他城市也相继出现了一些城市公园，如北平的中央公园，南京的秦淮公园，上海的华人公园、哈同花园，广州的中央公园，汉口的市府公园，厦门的中山公园，等等。20世纪30年代，"闽浙赣苏维埃政府"还在根据地葛源镇建造了"列宁公园"。

新中国成立后，一批新城市的总体规划明确提出了自然环境建设要求，特别是地处平原的城市增加了公园绿地的安排，许多城市开始了大规模的城市绿地建设。进入21世纪后，中国的城市化进程加快。2005年，中宣部等部门开始评选"全国文明城市"；2006年，国家林业局在全国城市中开始评选"森林城市"；近些年，各级政府、各类机构举办的"宜居城市"、"田园城市"、"山水城市"、"最具幸福感城市"等活动的开展，对于城市环境建设都起到了极大的推动作用。

二、城市生态文化建设的要求

现代城市建设理念与古典城市建设理念最大的区别就在于城市环境建设

方面。城市环境是城市居民理想、意志与激情的一种外化,城市建设需要满足人们在城市环境方面的追求,体现在以下五方面。

(一)突出自然生态环境营建

中华民族的古圣先贤、能工巧匠留下了众多高水平城市建设的范例,还留下了城市规划建设的理论。《管子》说:"凡立国都,非于大山之下,必于广川之上,高毋近旱而水用足,下毋近水而沟防省。因天材,就地利,故城郭不必中规矩,道路不必中准绳。"并提出了城市功能分区的概念:"凡仕者近宫,不仕与耕者近门,工贾近市。"秦时商鞅主张:"地方百里者,山陵处什一,薮泽处什一,溪谷流水处什一,都邑溪道处什一,恶田处什二,良田处什四。以此食作夫五万。其中山陵、薮泽、溪谷可以给其材,都邑溪道足以处其民。"晁错对处理城址与区域之间的关系提出:"相其阴阳之和,尝其水泉之味,审其土地之宜,观其草木之饶,然后营邑之城。"可见,我国古代城市的建设,讲究"天人合一",重视营建山清水秀的生活环境,保障人与自然和谐相处,有利于人的身心健康,使整个城市由局部到整体,从内容到形式、从自然到人工有机结合,给我们留下了珍贵的遗产。

良好的城市生态环境不仅是城市生存的需要,更是保持城市生态平衡和实现良性循环的需要,也是城市发展的宝贵资源优势。经过近代以来几百年城市发展的教训,人们更深刻地认识到保护自然环境的重要。要求在人工环境中展现自然天地,把植物引入建筑,力求建筑花园化、城市园林化(图4-2-5、图4-2-6)。实现环境与城市的协调发展,追求人与自然的和谐相

图4-2-5 绿色建筑示范工程:万科中心(来源:王军 摄)

图4-2-6 绿色建筑示范工程:深圳建科院大楼立体绿化(来源:王军 摄)

处,建立生态价值观,实现人工环境与自然环境相统一,已经成为未来城市建设与发展的重要目标。

(二)重视人文生态环境营造

人文环境是城市环境建设的重要内容,如何增大城市人文效应,丰富城市内涵,在城市内部创造有利于人际交往、交流、共处的场所,成为城市人文环境追求的目标。近几年,我国城市空间增加,城市广场公园增多,使城市在宜居方面迈出了一大步,但总体来说数量还是太少。政府应该在力所能及的条件下多途径地扩大市民生活空间,如住宅小区的庭院,公共建筑底层的休闲式园林,城市的街心花园以及广场、公园等,这些城市的"人性化"要素是构成城市魅力的重要组成部分,可以为增加或创造人文生态效应提供客观条件和场所。

总之,越是具有人文意义的城市环境,越是可以获得较高的社会效益,一切历史文化、民俗伦理、社会风情,包括市民的审美观、民生观,以及地缘、亲缘、血缘关系,也都在城市环境的构建和形成中发挥着潜在却是决定性的人文作用。一处景物、一座建筑、一个场景,当与历史事件、居民生活紧密相连时,便能唤起人们的无限情思,产生认同、共情、和谐、激励等情绪,从而成为城市人文生态环境的价值所在。

(三)因地制宜体现特色

中国幅员辽阔,每座城市都有自己独特的自然环境,因此,每座城市都应该有一份属于自己的创造性规划。实事求是,因地制宜,应是城市规划、城市建设最根本的指导思想。闻名世界的风景园林城市杭州,其地形风貌是"有山山不高,有水水不大",其城市原有的尺度、体量与形式做到了"与山水相统一,以群组来取胜"(图4-2-7)。

图4-2-7
杭州西湖(来源:王军 摄)

图4-2-8 西安城墙（来源：王军 摄）

图4-2-9 平遥古城（来源：《阮仪三文集》）

图4-2-10 洛阳龙门石窟（来源：王军 摄）

对于那些有着古代文化遗存的城市，城市建设要承担起对历史文化传承和开发的责任。历史建筑、文化遗址、文物古迹以及传统文化环境，都是城市的宝贵财富，城市建设不仅不能丢弃和毁坏，还必须保护和弘扬，使其成为城市特色和精神的象征，如南京、西安的古城墙（图4-2-8），丽江古城、平遥古城（图4-2-9）、洛阳龙门石窟（图4-2-10）等。在这方面，国外城市罗马、巴黎是保护利用文物古迹的成功范例，有许多值得借鉴之处。

城市建设对无形的传统文化（非物质文化遗产）的保护同样责无旁贷，民间技艺（艺术）、地方戏、传统节日、饮食文化、风俗习惯等，都应当列入规划范畴，并为其创造必要的空间条件和展示的舞台。另外，对历史文化的传承还包括对风景名胜的规划，如何保护和发展，以及如何与市区结合成为一个有机的整体，都要在城市规划和城市建设中体现出来，成为城市风景的一个独特内容。

因地制宜，从实际出发，就会有鲜明的城市个性，自然也就会形成城市独有的价值，那些任意修山改水，抛弃历史，毁灭遗迹，随意建造雷同建筑，盲目追风的表现，只能形成"千城一面"的丑陋局面，是我们应该坚决摒弃的。

（四）以人为本，服务于人

首先，城市建设要为居民提供良好的居住环境。城市建设要通过对居住区的功能布局、设施配套、道路规划、绿地建设等安排，让居民拥有足够的居住空间，且住得安全、方便、舒适。

其次，城市建设要完善城市居民"用"的功能。城市需要提供居民生活中不可或缺的生活设施，如商场、医院、银行、公园绿地等，满足居民的衣、食、住、行、看病就医、老人锻炼、儿童游乐等一系列需求，统筹安排和完善城市公共设施和公共福利。

第三，城市建设要满足人们日益增长的文化需求。人们要读书看报，听戏看电影、观景看表演，参与各种文化活动，因此在城市建设上，就需要充分考虑书店、影剧院、展览馆等的建设，使其分布合理，让人们方便可持续地充分汲取精神营养。

第四，城市生态建设要重视人的情感需求。首先是满足人们对自然环境的追求。在城市环境构建中，要充分体现回归自然的需求，在城市建筑环境的各个空间角落引入自然、再现自然，使人们在较高层面沐浴自然带给他们的自由、清新和愉悦。其次是满足人们对历史文化滋养的追求。历史文化是一切文化发展方向的基础，人们行动的准则、民族的凝聚力和自豪感，现代多元文化发展的根基，都是建立在历史文化的基础之上。城市环境建设要重视历史文化的内涵，既不复古，也不崇洋，在民族文化的基础上对历史文化进行创新和发展。第三是满足人们对情感享乐的追求。追求健康向上、富有人情味的高情感的精神需求，是现代人情感的需要，也是市民提高活力、增强健康的需要。城市环境的构建就是为现代人的需求提供适宜方便的场所和条件，满足人们对高情感享乐的追求。

（五）树立生态文明意识

城市生态文明是以城市与自然，城市与人和谐共生、全面发展、持续繁荣为基本宗旨，以城市与环境的共同可持续发展为目标，以资源节约型和环境友好型的经济发展方式为主要内涵，倡导城市在遵循自然和谐发展这一客观规律的基础上追求物质与精神财富的创造和积累。构建与自然和谐发展的城市，必须在城市的成长和建设过程中牢固树立生态文明意识，使之深入人心，并成为所有城市决策者、建设者以及城市居民的共同意识和统一行动。

第一，建设生态城市、宜居城市是城市的发展目标。生态城市代表着当今城市发展的潮流和方向，其所追求的"高效、和谐、可持续"理念正是未来城市发展的方向。建设生态城市是建设生态文明的重要途径和主要内容，也是实施可持续发展的重要平台和关键切入点；建设生态城市，是满足人民群众日益增长的对优美环境、洁净环境的需要，也是增强城市发展后劲和竞争力的客观要求。

第二，建设资源节约型、环境友好型城市应放在工业化、现代化发展战略的突出位置。我国属于发展中国家，人口众多，人均资源紧缺，环境承载力较弱，城市的用水、大气、土壤等被污染现象时有发生，资源匮乏产生，而城市化进程仍以每年百分之几的速度快速膨胀。如果继续沿袭高投入、高能耗、高排放、低效率的粗放型增长方式，将导致资源难以为继，环境难以承载，城市生活质量恶化，甚至会走向毁灭。因此，必须把节约资源和保护环境放在城市发展的突出位置，坚持在约束条件下求发展，着力解决生态环境存在的突出问题，坚持走科技含量高、经济效益好、资源消耗低、环境污染少的新型工业化道路；坚持在生态规律指导下建立节约资源、能源和环境良好的生产模式、消费模式和技术模式，建立和巩固污染控制、环境治理和生态建设三位一体的环境管理体系，走出一条城市与自然和谐发展的道路。

第三，牢固树立全社会的生态文明意识。重视生态意识、环境价值观和生态文化，构建民主公正的生态治理模式，打造环保责任政府、环保责任企业和环保责任公民，形成遵循生态规律和创新发展模式的思想基础和社会氛围。通过全社会的共同努力，建设生态城市，营造健康优美的人居环境，给子孙后代留下一个纯净美好的家园。

第三节　城市大众文化

城市大众文化是指城市居民为满足自身精神生活需求，在一定区域、一定组织或团队范围内，自我创造、自我娱乐、自我享用的一种文化行为。它是由人民群众自己创造、组织并运用现有文化成果开展的文化活动，和那些由作家、艺术家以及专家、教授等从事的专业文化、严肃文化不同，与按照工业化生产的、通过大众媒介传播的、按照市场规律经营的商业文化也不同。大众文化追求快乐、愉悦身心，不以营利为目的，是市民在业余时间自发开展的文化活动。

一、城市大众文化的特征

城市大众文化主要包括以下几方面特征:

第一,大众文化的主体具有普遍性。不同性别、不同年龄、不同民族、不同职业、不同文化素质、不同居住环境的城市居民都可参与大众文化,社会各界都可以按照需要组织自己喜爱的社会文化活动。

第二,大众文化的内容具有广泛性。它包括:(1)文化教育,如读书节、读报会、学术讲座、文化沙龙、技能培训等;(2)文学艺术,如群众文艺创作、文艺表演、才艺展示、摄影展、书画展等;(3)体育活动,如各种球类、棋类等赛事、各类行业组织的运动会等;(4)游乐活动,如旅游、登山、滑雪、赛车等各种时尚活动;(5)节会活动,春节、元宵节、端午节、博览会等。无论哪类活动,都会有喜爱或适宜的人群去参加。

第三,大众文化的性质具有娱乐性。它是一种被广大群众认可并且能够参与的文化,是通俗易懂、易学易会、轻松娱乐的文化,能够让广大群众解除紧张生活带来的压抑感,放松精神、迸发热情、释放情绪,具有鲜明的大众性、娱乐性特点,是一种寓兴趣和团结于娱乐之中的文化。

第四,大众文化的形式具有融合性。大众文化往往是主客体不分,相互融合的,群众既是文化的创造者和参与者,同时又是文化的欣赏者和享用者。在某个活动中,他是创造者、参与者,在另外一个活动中,他可能就成了观赏者、享用者;有时在同一个活动中,他既是组织者、参与者,又是享用者,如摄影比赛、登山活动等。他既以自己的作品、行为参加了某一文化活动,同时又在这个活动中享用了他人的文化成果。

第五,大众文化在整个城市文化体系中的地位具有基础性。大众文化活动具有最广泛的社会基础,它可以动员最广大的人员参与。群众参与文化活动,既创造了文化,又享用了文化;既领略了专业作家、艺术家的创造成果,又经过自己创造,加深了对文化成果的理解、融会和运用,同时又传播给了其他的民众。因此,大众文化是城市文化建设中最基础的部分,是满足城市居民精神文化生活的重要途径,是提升城市居民科学水平和思想道德水平的重要措施。

二、城市大众文化的几种主要形式

(一)社区文化

社区文化是同住在一个社区的居民自己组织、自己参与、自娱自乐、自我提升的形式多样的文化活动。社区文化是城市文化中的基础部分,近年来各大中小城市普遍建立了社区组织,社区文化活动从无到有,从小到大,已成为城市居民生活中的重要内容。社区文化的繁荣，丰富了城市居民的业余生活，增进了人们彼此之间的了解，增强了凝聚力，陶冶了情操，提高了人们的生活质量和生活水平。

（二）户外文化

户外文化是城市文化的点睛之笔，一般以大众性、民间性、通俗性、娱乐性为主要特点，适合广大市民参与。近些年蓬勃兴起的广场舞（图4-3-1）就属于其中的一种。露天电影在城市中有重新兴起之势，也是户外文化得以发展的一种很好的形式。户外文化对于提升城市文化品位，增进市民之间的沟通，提高市民文化素质和身体健康都大有裨益。

图4-3-1　西安城墙建国门外跳广场舞的民众（来源：王军　摄）

（三）节庆文化

节庆文化是以各种节日、庆典等为依托所产生的文化现象，许多国家的政治、经济和文化中心城市都十分注重富有特色的节庆文化活动，争办各类论坛等大型节庆活动的文化现象，已充分说明了节庆文化的意义。例如我国的春节，不仅是中国人最重要的传统节日，而且被越来越多的西方国家所熟知并认可。另外，端午节、中秋节等有代表性的传统节日也越来越受到国人的重视。这都说明重大节日对一个民族乃至对世界的影响。大型文化节庆活动是城市的兴奋剂、集结号，是城市的文化名片。搞好节庆文化活动，对于增强城市魅力意义重大。

（四）沙龙文化

"沙龙"是法语"Salon"一词的音译，原指法国上层人物住宅中的豪华会客厅。从17世纪开始，巴黎的名人常把客厅变成著名的社交场所，他们志趣相投，聚会一堂，一边呷着饮料，一边欣赏着典雅的音乐，同时就感兴趣的各种话题促膝长谈，无拘无束。后来，人们便把这种聚会叫作"沙龙"，并逐渐风靡各国文化界。

沙龙文化是城市文化的种子，是城市思想的活水，也是城市主流文化的侧翼；沙龙现象是在城市文化发展到一定阶段、物质生活迈上一个新台阶时，一种非政府、非体制化的对话平台，是在一定物质基础上的精神集散地。沙龙文化，是介于高层主流文化与大众自娱文化之间的一种源头性成长文化。由于西方的沙龙文化曾经贡献过伏尔泰、卢梭这样的启蒙主义大师，以及高更、梵高这样的伟大画家，因此沙龙文化在今天被召唤、被延伸，就是势所必然了。

第四节　城市教育文化

文化最早的含义就是教育。《周易》里说"观乎天文，以察时变；观乎人文，以化成天下"，指的就是用已有的典籍文章和社会习俗教化人们，形成人伦、社会秩序，即"以文教化"。

一、教育是城市文化的基石

首先，教育是城市快速持续发展的关键。加快城市发展，基础在教育，根本在人才。只有培养同社会发展相适应的数量众多的高素质劳动者，才能发挥城市巨大的人力资源优势，维持城市健康可持续发展。

其次，教育是提高国民素质的重要途径。城市的教育水平、居民受教育程度直接决定着城市的创造力和综合竞争力。提高居民素质、提升城市文明程度，最根本的途径是广泛开展国民教育。只有提高教育水平和全体居民的知识水平，形成与时代同步的思想观念、创造能力以及行为方式，才能把城市建设得更美好。

第三，教育是提升城市文化品位的重要载体。世界上所有的城市都将大学作为衡量该城市文化水平高低的关键性指标，特别是像美国、加拿大和澳大利亚等一些依靠移民发展起来的国家，更加重视高等教育。例如美国的波士顿，之所以能在世界上有着举足轻重的地位和广泛的影响，靠的就是大学，仅哈佛大学和麻省理工学院就为美国培养了一大批总统以及数不清的专家学者，其中不乏诺贝尔奖获得者。中国的北京、上海、西安、武汉、南京等城市之所以能有很好的社会影响力，原因之一也在于大学众多，人才济济，占据着国家重要的人才高地和科研制高点。

二、基础教育促进健康发展

（一）传授科学知识

搞好课程改革，把基础的、新鲜的、有用的知识挑选出来作为课程内容；构建全新的课程设计思路，形成多样化的教学策略和教育方法，创造良好的教学方法和教学环境，开启和培养学生的创造能力。把学生视为独特的具有主动性和创新性的生命体，鼓励学生参与教学活动、创新教学活动，教师、学生双向互动，共同享受创造的快乐；探索新的考试内容和考试方法，真正测试出学生的智能水平。

（二）强化身体素质

应在普及生理卫生知识、营养科学知识和日常生活常识的基础上，增加休闲时间，提高睡眠质量，同时组织学生参加各种形式的体育锻炼活动，培养至少一种运动项目的爱好，积极开发每个学生的运动潜能，使他们拥有健康的体魄。

（三）重视审美教育

学校应开设音乐、美术、建筑、戏剧、美学和艺术理论等课程，并确定其中一门或几门课程为必修课，鼓励并组织学生参加诸如读书、乐器、书法、绘画、工艺、旅游、收藏等兴趣学习小组活动，让学生在亲近自然、适应社会、欣赏艺术的过程中开发潜能、充实生活、陶冶情操、提升精神境界，提高人文素质和审美水平。

（四）加强社会实践

开展丰富多彩的课外实践活动，与社区结合，组织学生开展志愿者活动和社会实践，培养青少年服务社会的良好品质，锻炼他们了解社会、服务社会的能力。

三、大学教育引领文化振兴

文化性是大学的根本属性,承担着传承文化、研究文化、创新文化的使命和任务。在这一前提下,大学应该海纳百川、兼容并蓄、创造宽松的学术环境,并在多元文化的沟通和交融中进行学术创造,这是大学传承、研究和创新文化的必由之路。

(一)传承服务国家、服务人类的使命文化

大学就是一个以传承知识、创新知识为使命的组织,同时,还负有引导社会价值观、规范社会行为、引领社会前进方向的使命。美国人骄傲地称,美国的一流大学是培养民族领袖的地方,是培养民族精神文化的高地所在。大学应当对民族复兴和国家发展负有无限责任,应当通过传承和发展文化为国家、为社会做出应有的贡献。没有这样的使命精神,就不能形成坚定明确的符合大学发展逻辑和规律的目标和追求,大学就会热衷于以必须牺牲其基本原则为代价而去追求本不属于大学的权利,这样做的结果必定是与兴办大学的初心相悖的。

(二)造就崇尚科学、追求真理的创新文化

大学的本质属性使其成为敬畏科学、探索科学、发展科学和运用科学的一方圣地,因此,大学比其他任何机构应该更热爱真理、信仰真理、遵循真理、探索真理和揭示真理。大学要让学者和学生安于学问、热爱学问、忠诚学问并献身学问,这是大学的本分,也是大学对国家负责的资本。学者和学生必须以一种追求科学、追求真理的殉道精神来对待自己的使命和职责,而不受学问之外种种利益的干扰和驱使。

(三)承担百家争鸣、学术自由的学术文化

对学术流派的包容和对人才的尊重,是大学传承知识的基础,也是大学创新能力的前提。蔡元培先生提出"大学者,囊括大典,网罗众家之学府也"的办校思想,他上任之初就着手北京大学的改革,从而奠定了北大兼容并蓄、思想独立、学术自由的大学精神。办大学就是要造就为大学而独有的学术文化,尊重知识、尊重人才、尊重学者、尊重学生,兼容各种学术观点及学科内容,激发学者和学生的创新精神及创造能力,保持其生机勃勃的活力。

(四)创造敢为人先、敢于竞争的先进文化

大学独有的精神气质就是敢于竞争并勇于面对竞争,唯有如此,才能创

新文化、发展文化、引领文化。观念之间的讨论，学科之间的竞争，大学与大学之间的竞争，不仅激发大学的生机、活力和动力，同时也培养了学者、学生不甘示弱、奋发向上的进取精神。大学创造先进文化的目的，在于吸引和延揽一批有创意、能创造、善创业的人才，为国家和民族做出贡献，引领民族文化的方向。

四、职业教育应对社会需求

城市是职业教育的聚集地，是职业教育创新的支撑点，又是专业技术人员创业、就业的地方。随着我国产业结构和行业结构的重大变化，城市里无论是由于高新技术发展所产生的技能岗位，还是由于第三产业快速发展而增加的服务岗位，所要求的技术含量和智能水平都比较高，这就亟须发展职业教育，培养大批与城市发展相适应的实用型专业技术人才。艾媒报告中心发布的《2019中国职业发展教育现状与细分领域研究报告》显示，2018年中国技能劳动者约1.7亿人，但其中高技能人才只有0.5亿人。[1]劳动和社会保障部对全国40个城市技能人才状况抽样调查的结果显示，目前我国技师和高级技师占全部技术工人的比例仅为5%（企业需求的比例是14%以上），而在发达国家，高级技工在技术工人中的比例高达40%。2019年，我国高级技工缺口更是高达两千万。[2]社会对专业技术人才尤其是高级专业技术人才需求较大。

加大教育体制改革力度，满足企业目前亟须专业技术人员的需求。可以学习国外好的做法，把职业技能的训练列入初中、高中、大学的课程，实行学士、硕士、博士就业职业资格制，大力发展职业技术教育；建立职业教育的分级制，保证初、中、高级职业院校的专业特色，避免高等职业教育学历化、研究化。

尽快改革现行只看学历文凭、不看职业能力的用人制度，加快实施职业资格证书和持证上岗制度，制定合理的用人配套政策和相关法律规定，最大限度地利用好人力资源，做到人尽其才。

中央每年应拨出一定数额的专项经费，用于支持职业教育院校的实验室和实习基地建设、师资培训和教材建设；地方财政拨出专项经费，用于地方职业教育的教学基本建设。还应建立多方集资的有效机制，鼓励企业与高等职业教育院校联合办学，多方争取经费支持，改善办学条件。

对提供基本知识技能训练的基础学校或职业学校，政府需要尽可能提供

---

[1] 艾媒咨询，www.sohu.com/a/321639362_533924，2019-06-19.
[2] 搜狐新闻，3g.k.sohu.com/t/n412661996，2019-12-14.

对贫困生的基本资助和财政补贴；对有一定市场回报率的职业教育，政府应通过贴息贷款或奖学金等形式予以资助；对有很高市场回报率的职业教育，政府应对成绩优异者提供现金资助。

第五节　城市传媒文化

传媒即大众传播媒介，是城市硬实力的软件装备，也是城市软实力的硬件设施，是城市公共产品的刚性供给，也是社会信息市场的必然需求，是城市文化重要的传承者。

一、传媒与城市的关系

大众传媒是城市的产物。按照哈贝马斯的"公共领域"理论，现代社会的大众传媒是当下经典的公共领域，是私人领域和权力机关之间的区隔。大众传媒产生的历史背景是"与希腊、罗马一脉相承的欧洲资本社会，依据的是西方文化传统影响下的基督教民族与民族国家的历史……源自欧洲中世纪的'市民社会'"。大众传媒诞生的初衷就是为了平衡私人权利相对于公共权力的弱势，个人的言论与利益可以通过大众传媒这种"一对多"的专业化模式得到某种程度的制衡。哈贝马斯认为，能够进入公共领域的私人必须具备两个要素：受教育程度和物质收入。当今中国社会城市化过程的加速发展，使得满足这两点的私人主要集中在精神财富和物质财富都占据核心地位的城市，城市中的每个私人则构成了"市民社会"，而"市民社会"在理论上则既是传媒的消费者又是传媒的权利主体，所以传媒与城市是彼此相生的。[①]

二、传媒与城市文化的关系

传媒是城市文化的重要组成部分和主要载体，而文化又是传

---

① 杨丽萍. 城市文化手稿. 郑州：大象出版社，2008：61-62.

媒传播的重要内容。传媒塑造文化，文化影响传媒。例如，传媒建构了电视文化、网络文化、流行文化等，而这些文化的形成又促使传媒获得了更大的发展。实际上，传媒在传播一定文化的同时，也在建构一定的价值观和意识形态。20世纪90年代电视剧《渴望》一经播出立刻火遍大江南北，从而引发了人们对于人性的思考以及价值观的讨论；同时，这部电视剧的大热也促成了国内室内剧的热拍热播，《我爱我家》、《家有儿女》都是后来涌现出的优秀室内情景剧，在电视台播出时都获得了相当高的收视率。因此，传媒的传播功能决定了其对于构建和谐社会的作用，同时大众媒介作为文化传播的载体，与文化价值潜能的释放、促进城市发展、构建和谐社会的关系异常深厚。这些大众媒介无形地表达着所在城市的主导文化，确认亚文化，创造着在原有文化基础之上的新文化，塑造和维护公共价值。

三、城市传媒文化的功能

传媒的功能是传播，是传播者借助某种手段或工具，通过发出信息主动作用于他人。报社、电台、电视台等媒介机构是从事信息的采集、选择、加工、复制和传播的专业组织，是社会生活中不可缺少的大众传播媒体，他们在向大众传递信息的同时，也获取了巨大的经济利益。美国的CNN、默多克新闻集团，英国的BBC广播公司等，都是世界知名的传媒企业。传媒的自主发展诞生了传媒经济，传媒经济的发展壮大了传媒自身。随着社会资讯越来越多，城市生活的衣食住行已经离不开传媒的指导，大众传媒在现实世界和城市个体之间打入了一个"楔子"，决定了人们对世界的认知。

（一）宣传城市个性特色

每个城市，只要具备一定的文化特色和经济特色，都会试图通过一种自身文化特色的宣传来赢得资本的青睐，这种城市形象的媒介化过程在资本和权力的双重运作下，不断释放着城市的欲望，这不仅是一种城市自我认同的人格化方式，更是投资开发商和城市管理者一起合力打造的现代化景观。1998年广州的《新周刊》杂志出版了一期名为"中国城市魅力排行榜"的专辑，给国内17座城市打上了标签——最大气的城市：北京；最奢华的城市：上海；最伤感的城市：南京；最说不清的城市：广州；最具流动感的城市：武汉；最古朴的城市：西安；最男性化的城市：大连；最精致的城市：苏州；最温馨的城市：厦门；最女性化的城市：杭州；最浪漫的城市：珠海；最悠闲的城市：成都；最火爆的城市：重庆；最神秘的城市：拉萨；最有欲望的城市：深圳；最辛苦的城市：香港；最陌生的城市：台北。把城市的文化特性用一种个体感知的方式来阐释，自然是把信息简化到极点而爆发出传播的能量。城市需要获得关于发展的新信息、新动向，企望通过媒介包装城市形象，找到城市发展的位置。

（二）推动城市经济发展

传媒实际上扮演了两种角色：中间人和策划人。首先，它在取得政府和企业的双重认可之后，为城市运营的形象营销做出总体策划方案，确定城市运营的方向和目标。其次，它在政府和企业间搭起一座桥梁，使二者能够在城市运营的平台上得以合作。媒体的城市策划，首先要抓住的是主导市场经济的两只手：地方政府和企业界。这不但要对城市进程的政治需要和经济能力有深入判断，还要善于把握社会情绪，引发话题，预设观点，全面控制传播流程以保证预期收益。

（三）释放文化价值潜能

首先要发掘传统文化价值，改进、丰富节目形态、内容，切合市民心理需求，提高传播品位、打造传媒风格，使其成为受众的精神家园，还要迎合城市发展规划，力求传媒本身也成为城市文化、精神的一种象征。其次，大众传媒在提高市民素质、丰富文化形态的同时，也要依托文化潜在价值的传播来创造城市价值。城市作为文化认同的对象，需要媒体话语来支撑，从此意义上讲，除了政治、经济功能外，媒体还有强大的文化认同功能，创造具有地方色彩的都市文化，提供身份认同、价值认同和文化认同的意义。

第六节　城市休闲文化

城市休闲文化，是指城市居民在支付了各种必要时间，主要指劳动时间和生理时间之外所从事的一种相对自由的文化活动。这种活动以个人喜爱为主导，以满足个人自身精神文化的、心理和生理的需要为特征。

一、城市休闲文化产生的背景和条件

（一）城市休闲文化产生的背景

人类社会的休闲文化形态是有着清晰时代脉络的。原始社会生产力、生产条件极其低下，生存十分不易，并且要终日劳作，尽管存在着歌唱、舞蹈、绘画等原始艺术形态，但很大程度上属于动物式的本能，并非真正文化意义上的休闲。在农业社会的城市中，城市居民每日要依赖不停劳动来维系生活，劳动间隙忙于料理家务，不存在现代意义的休闲；而城市贵族头朝下的悠闲生活，也不产生真正意义上的休闲文化。

20世纪以后，西方城市逐渐进入消费社会，劳动时间缩短，休闲时间增加。庞大的娱乐产业兴起，社会鼓励休闲娱乐，享乐生活成了人们生活的重要内容。从20世纪70年代开始，世界城市开始进入后工业化社会，其重要特征之一就是劳动者的工作时间和休闲时间第一次发生了历史性的倒转，人们的休闲时间超过了为生存所必须支付的劳动时间。这是因为以信息化为特征的新科技革命的成果直接进入了城市生活。对此，法国哲学家、心理学家马尔库塞得出如下论断：自动化预示着空闲时间和工作时间关系的倒转成为可能；这种可能性正在使工作时间变得很有限，而空闲时间则变得十分充裕。这个结果将是对价值观的彻底的重新评价，是一个与传统文化不相容的存在模式。日本的增田米治也认为，计算机打开了一个社会彻底重组的大门，人类在历史上第一次从严密组织的工作中脱离出来，迈向个人自由。他认为工业革命主要是增加了物质产量，而信息革命的主要贡献则是休闲时间的大量增加。[①]

（二）城市休闲文化产生的条件

信息社会的时代背景使得城市休闲文化兴起具备了四个方面的条件：一是经济发展势头良好。在行业齐全、功能完备的城市生活中，强劲的经济发展必将提供精神文化生活的需求。二是人民生活得到根本性改善。各种生活设施齐全，衣食住行轻而易举就可满足，人们有经济基础，有闲暇时光，有发展需求去追求更高质量的生活。三是中产阶级崛起。白领阶层云集，势必需求更多更好的休闲文化生活以及诸如健身、旅游、交友、聚会、沙龙等多元文化方式。四是休闲文化产业应运而生。根据城市居民的精神文化需求，产生了丰富多样的生活体验、情感体验的产业服务内容和周到舒适的服务方式，社会不断满足并引导着城市居民的休闲文化生活。

世界旅游组织的研究成果表明，人均GDP达到3000美元左右是一个国

---

① （法）罗歇·苏. 休闲. 姜依群译. 北京：商务印书馆，1996.

家和地区休闲产业爆发式增长的临界点。截至2017年年底，我国GDP的总量已超过22万亿美元，居世界第二位。我国的通信行业在世界上处于领先地位，高速公路里程数在世界上位居第一，汽车业的发展令人瞩目，报刊、广播、电视、网络拥有着世界上最多数的受众。1995～2008年，我国城市实行双休日制度及增加清明、端午、中秋等为法定节假日，城市居民的休闲时间几近全年时间的三分之一，由此带来的巨大文化产业商机也被越来越多的投资者看好。休闲文化消费群体大大增加，休闲文化消费的需求、种类和品位也不断上升，加上城市化人口的快速发展，交通设施的进步，社会福利制度的建立，人均寿命的延长，文化交流的增多，教育程度的提高，以及人们自我完善需求的增强，都为我国休闲文化的发展提供了充分的条件。

二、城市休闲文化的主要形式

（一）休息娱乐

经过五天的紧张工作之后，放松、自由自在地听音乐、看电视、影碟、去歌厅、玩游戏等，是城市居民在闲暇时间内较多的选择。通过视觉、听觉刺激人们放松精神、释放情绪、调整心态，以培育自己昂扬振奋的精神状态，塑造一个自己满意、别人喜欢的形象是许多人乐意选择的休闲方式。

（二）社会交往

人在本质上是社会动物，具有群体性或社会性。作为社会中的人，要通过交往建立各种社会关系，承担一定的社会角色和义务，同时也满足自己的各种生活需求。随着互联网的迅速发展，网络虚拟生活中的交往应运而生，这为城市居民提供了一个隐匿性很强的更为便捷的交往平台，交往主体不受现实世界交往的条条框框的限制，交往更加自由灵活，更直指人的内心世界。

（三）运动健身

与其生病用药，不如勤奋锻炼，保持身体健康。随着生活质量的提高，人们对生活、生命的认识越来越接近本质意义，打球、登山、游泳、远足、跳舞、去健身俱乐部，等等，人们利用多种场合，多种机会，增加运动，坚持锻炼。健身生活已成为城市居民生活的常态、时尚。

(四)发展爱好

城市居民在安排自己的休闲生活时,以读书、读报、自修、上网、看电视、绘画、旅游、摄影、参观展览馆、博物馆、上培训班为主要内容的学习化生活方式占了很大比重。城市居民已经认识到,想生活得更好,仅仅满足于一般的工作岗位、工作技能是不够的,还需要不断学习;学习不仅是为了谋生,还为了更好地认识社会,丰富人生,开发潜力,创造生活。学习已成为城市居民整个生活的重要内容,成为人们的一种生活方式。

三、城市休闲文化产业的现状及其影响

(一)城市休闲文化产业的现状

城市休闲文化的出现催生了城市休闲文化产业的发展,休闲文化产业的繁荣又进一步丰富、拓展了城市居民的休闲文化生活。不少学者认为,在21世纪的前50年内,将会是"休闲经济时代"、"娱乐经济时代"、"体验经济时代"以及以时间商品化为特征的"超资本主义经济时代"。在这样的时代背景下,以旅游、餐饮娱乐、服务、体育、传媒、演出等为主要内容的城市休闲文化产业以及由此而延伸出的各种关联产业迅速发展,如汽车旅馆、快捷酒店、主题公园、风景游览、假日农社、野营中心等。以休闲文化产业为主要经营内容的企业已成为世界500强的前沿和主要企业。同时,网络技术带动了网上教育、网上学习、互动游戏、动态模拟等崭新的体验,进一步刺激了休闲文化产业的发展。越来越多的家庭用于休闲文化方面的费用支出日益超出购买商品的费用,从而更加推动了休闲文化的普及和休闲文化产业的发展。

(二)休闲文化产业对城市生活的影响

不可否认,城市休闲文化产业的兴起对城市经济发展起着巨大的推动作用,主要表现在三个方面:一是休闲文化产业的发展推动传统产业结构转型。休闲文化产业的发展可以通过传统服务业派生出新的门类,丰富第三产业的内涵,有利于传统服务行业升级,从而调整第二产业和第三产业之间的关系。二是休闲文化产业发展极大地拉动了城市消费市场,改变了城市消费市场结构,形成新的、持续不断的消费热点,促进更多的年轻人就业。三是休闲文化产业促进相关产业资源整合,增加经济效益。比如书店和咖啡馆结合而成的书吧,集吃、住、行、游、购、娱等于一体的全域旅游,不仅融合了书店、咖啡馆、旅游景点、餐饮、演艺等原有的市场,也带动了不同方式结合派生出的新的消费模式,增加了消费吸引力,扩大

了消费市场。

另外，城市休闲文化在推动城市经济发展的同时，也对城市居民的思想观念产生了巨大影响。人们按照个人喜好或自觉或自发地组织参与休闲文化活动，拓展自己的发展空间，反过来又激发了自身的工作热情和创造能力。这种城市居民特有的生活方式，既促进了人与人之间的交往，使人们容易形成共同的思想基础，达成一致的社会共识，又增强了人们的团队意识和集体主义精神，同时培育了人们的知性和美感，促进了人的全面发展。

四、城市休闲文化引发的思考

休闲是人类自古以来的梦想。早在亚里士多德时代，雅典公民的生活建立在奴隶劳动的基础之上，因而雅典公民得以从必然性和任何必需性事务中摆脱出来，从事休闲活动，在休闲活动中培育起人的美德或优秀品质。在中国古代，渗透到人们衣食住行中的诗词歌赋、琴棋书画等文化创作，无不和休闲有关。封建士大夫修身养性、陶冶情操、锤炼人格也无不是在休闲中完成。中国传统文化中的相当一部分都可看作休闲文化。

现代社会，当人类在改造自然、满足自我物质需求取得丰硕成果的同时，休闲文化被提上重要日程。休闲作为人从物质环境压力下解脱出来的一种状态，是一种深层次的精神放松和愉悦体现，而且为人生信仰的思考、科学艺术的产生提供了时空基础。发达国家的礼拜日由来已久，20世纪50年代以后的双休日，名目繁多的假日活动，成为人们重新安排自己生活的首要因素。我国改革开放后，双休日、小长假、"十一"黄金周相继出现，休闲生活已经成为城市人日常活动的重要组成部分。然而，如何丰富城市居民的休闲生活，弘扬富有民族特色的休闲文化，确保休闲活动的核心本质——创造自我、完善自我的实现，使当代城市居民的休闲活动真正实现"以人为本"，还要面对诸多挑战。

建设有中国特色的休闲文化，首先必须面对和回应的是西方休闲文化在本土的殖民化问题。以肯德基、麦当劳、必胜客为代表的美式快餐文化已成为中国城市部分居民热衷和习惯的生活方式，高尔夫球场和城市宝贵的绿地争夺空间，打高尔夫被认为是财富、优雅的象征，圣诞节、情人节、万圣节等诸多"洋节"席卷了城市的大街小巷，吸引了越来越多的年轻人。因而，在中国的休闲文化建设中，应该推行必要的政策，在国家层面上建立一种休闲文化乃至整个民族文化的政策体系和保护机制，发扬中国传统休闲文化中优秀的部分，重新挖掘其内涵，结合社会转型建立具有生命力和原创性的休闲文化生成机制，不断产生新时代有中国特色的休闲方式。中国传统的春节、清明节、端午节、中秋节，体现了中华民族热爱家庭、尊重历史、热爱自然的文化价值，国务院已将其正式列入法定假日；着汉服穿唐装、经典诗词诵读传唱、举办诗词大会，都是以休闲的方式对传统文化的传承与传播。当然，建设休闲文化是需要政府、社会团体、居民、经营者、消费者共同长期努力的过程，任重而道远。

其次，休闲作为人的本能需求，必定受到物质财富、经济状况的外在限制，休闲与人的经济地位、社会地位紧密相连。因此，一种象征符号的休闲方式随着财富的聚集而迅速出现，休闲成为成功人士彼此认同与强化联系的工具，成为一个社会阶层的准入机制。应该说，精英阶层选择昂贵的休闲方式无可厚非，然而这种将休闲当作"炫耀性"象征符号的休闲异化现象却并非我们的社会所提倡的。国家有必要通过法律法规来规范合情合理合法的休闲服务价格，限制炫耀性等休闲消费的发生，正确引导大众传媒对此问题的传播方式，限制此类行为的大众传播渠道，逐步在大众舆论中弱化和消除"炫耀性"休闲方式对大众的影响和控制。

第三，在休闲活动商业化、产业化迅猛发展的前提下，城市管理者及协会组织应加强对休闲产业的规范化管理和法制化建设，防止休闲产业市场竞争的负面效应，保证休闲文化产业的健康发展。我国的城市休闲文化才刚刚起步，发展虽然迅速但还很稚嫩，兴起虽然普遍但还很粗糙，城市休闲文化的经营活动还处在自发的开始阶段，存在诸多不足。一是财富迅速集中在少数人手中，社会分配不公，大量低收入阶层没有享受到经济发展、社会进步的成果，其收入水平普遍不能进入休闲文化消费。二是政府职能转换不够，公共文化基础设施建设投入不足，不能满足城市公众的公共文化消费需求。三是休闲文化产业的价值取向偏低，文化含量不高，甚至出现了低俗化、媚俗化倾向。四是休闲文化产业链条较短，缺乏完整的商业模式，不能与其他产业和谐对接。五是各种休闲文化资源的整合程度低，不能很好地整合同行业、相关行业以及国内外、省内外的资源，不能满足不同层次、不同年龄的消费需求。六是发展环境不理想，人们对休闲文化产业的认识过于肤浅、甚至偏颇，缺乏社会强有力的组织，也缺乏导向性政策的扶持。休闲文化产业如何才能更健康、更快速、更理性地发展，还需等待各种时机。

总之，一个城市的休闲文化活动以及相关产业取决于该城市的经济发展水平和人们的生活水平，取决于城市公共精神文化的需求和文化产业经营者的能力。生活在城市中的人们在安排自己的休闲时光时，应从商业化、产业化、休闲模式的限制中解脱出来，从殖民化、炫耀化的休闲观念束缚中解放出来，选择适合自己的休闲方式，安排自己喜爱的休闲内容，创造自己的休闲生活，真正实现休闲生活中体验人生意义、实现人生价值的本质，真正实现休闲文化以人为本、完善人自身的目的。同时，政府部门、社会团体应高度重视城市休闲文化问题，规划、建设健康有益的城市休闲文化基础设施，提供方便、舒适的休闲文化条件，安排、组织、引导丰富多彩的休闲文化活动，使城市休闲文化生活进入一个理性健康发展的轨道，从而为城市居民创造更加美好的生活。

第七节 城市文化的其他形式

一、体育文化

古罗马有一句名言：健康的思想基于健康的身体。体育是通过身体锻炼培育高尚精神的重要载体，发展体育的直接效果是有助于提高人的身体素质，同时，其深层次效果在于培育人的精神世界。开展全民性体育健身活动，大力发展城市体育文化，既有助于培育一个人的坚强毅力、挑战生理极限的能力以及拼搏精神，同时也有助于培养人们的团结协作精神。

改革开放以来，我国的体育事业有了突飞猛进的发展，不仅是运动员在大型赛事上摘金夺银，奏响国歌，更加之2008年北京奥运会的成功举办，激发了城市居民热爱体育、投身体育运动的热情（图4-7-1）。竞技体育和大众体育本来就是相互依存，缺一不可的，大众体育是基础，竞技体育是对大众体育的提升。大

图4-7-1　2008年北京奥运会开幕式（来源：杨黄大树 绘）

众体育开展得有声有色，如火如荼，将为竞技体育输送大批优秀的人才；竞技体育水平提高了，才会给大众体育带来丰富的市场资源，创造可观的经济效益。目前，我国已成功取得了2022年冬季奥运会的主办权，这一重大赛事的筹备和举办必将成为推动体育文化发展的良好契机。

二、校园文化

校园文化是学校教育的基础性工程，是学校建设的重要组成部分。其形式多样，内容丰富，诸如社团活动、文艺演出、体育比赛、文化广场活动、英语角、读书角、文化论坛、学术讲座等，深受广大师生欢迎。这些活动不仅提高了学生的知识水平，开阔了学生的文化视野，而且有效地提升了他们的文化追求，对于提升青年群体的正能量、弘扬良好社会风气起到了强有力的推动作用。

三、企业文化

企业文化是对企业所有员工在工作过程中表现出的群体意识、价值观念、组织方式、行为准则和思维方式进行的培育和建树。优秀的企业文化是提高经营水平、增强竞争力、提升企业形象的重要手段，通过企业文化形成的强大价值导向和文化氛围，会不断激发员工的创造性思维，形成创新推动力。同时，企业文化还是一支粘合剂，可以把各方面、各层次以及不同性格的人团结在企业周围，把各种力量协调起来，为共同目标而工作。可以说，企业文化建设对于企业发展起到的是坚固的基础作用和强大的推动作用。

四、家庭文化

当代城市的家庭组织，已不再是一个生产性、经营性的经济单位。自古以来由家庭承担的抚养子女、教育子女的责任，从孩子上幼儿园开始便大部分由社会承担，家庭成员由此可以走出家庭，各自到社会上谋职，各自承担共同的经济责任。家庭逐步简化为夫妇核心式家庭，一般由夫妇两人和一名或两名未婚子女组成，以个人生活幸福美满为本位的爱情式婚姻正在取代以家庭为本位的契约式婚姻，以情感为基础的婚姻关系成为联结巩固家庭的最重要基础。在目前的城市家庭中，夫妇共同参与家庭决策，共同抚养教育子女，共同从事家务劳动，家庭成员民主相处，家庭文化的主要内容是家庭成员努力学习，努力让家庭和睦美满。追求发展、追求幸福、追求快乐成为当代家庭文化的主旋律。

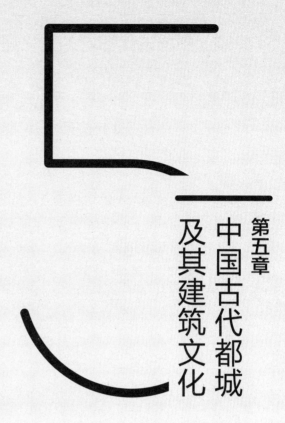

第五章 中国古代都城及其建筑文化

城市是文明的载体和温床。作为古代城市中的佼佼者和最高级形式的都城，则更加集中了主要的物质文明和精神文明，是中国古代文化的重要组成部分。它们历史悠久、数量繁多，分布广泛。这些伟大的城市，在选址、规划、交通运输、水系建设、改善环境、防灾减灾等方面都有卓越的成就和丰富的经验，集中体现了古代政治、经济、文化、科学、技术等多方面的成就。中国历代统治者都希望自己的统治能亿万斯年，因此十分重视都城建设，不惜投入大量的人力、物力、财力，使之成为设计精良、规划严格的城市杰作。纵览中国著名的古都，无一不是当时全国规模最大、建筑最雄伟、环境最优美的城市。西周初年营建洛邑，从勘测、设计到建城的过程，在《尚书·洛诰》中有较完整的记载。汉、唐长安城的布局，也都经过细致严密的规划，特别是唐长安城，坊市排列整齐，街道纵横平直，是古代城市规划的杰作。元朝兴建大都城，首先拟定了一个全城的总体规划，然后再根据分区布局的原则，进行设计和施工，为明、清北京城的发展并进而成为举世闻名的古都奠定了基础。这些古代都城，不仅有高大巍峨、辉煌壮丽的宫殿，也有大量方便舒适的传统住宅与古朴、人情味十足的街巷，它们在设计者和规划师的精心安排下，形成了古都特有的优美动人的环境，序列清晰的轮廓，以及蕴藏在其中的文化、审美观念。

第一节　中国古代都城的文化理念

一、中国文化的理念及其结构

中国文化的理念与结构是中国古代都城的文化基础。从宏观角度讲，中国文化由天之道、地之道、人之道三个"异质同构"的领域相互交叉渗透构成。"道"指客观规律和自然本身，处于最神圣和最高地位，以各种形式的文化语言表述，存在于文化的各个方面。中国文化本质上是一个修"道"的文化，"道"是价值观、美学观，也是客观规律，还是做人准则、行为规范；"道"渗透到各种文化事项中，成为日常行为规则和评价体系，以此为基础形成了完整且清晰的中国文化体系："道"是本体、隐性存在，其显性存在于"德"和"礼"中；"德"是内在表现，道德就是人的行为规范和最高级的自然本性；"礼"是外在表现，是人格修养，属于规范、法律、制度、行为准则等操作层面，最终辐射到政治、经济、艺术、社会等各个方面的具体事务中，成为一种规则、制度，即礼制。

"礼"在甲骨文中是个会意字，原作"丰"，是由祭祀中的礼器引申为祭祀之仪式的。事神仪式（礼）与事神歌舞（乐）的结合，也就是"礼乐"的初义。尽管"礼乐"这一概念的深层含义及其复杂思想直到西周才确立，但作为事神仪式的礼乐实践，在原始社会就已经出现。礼乐文化孕育于远古，形成于"三代"，西周定型和成熟，并为后世历朝历代所继承和发展。《史记·五帝本纪》记载，尧命舜摄政，"修五礼"；舜命伯夷为秩宗，"典三礼"；舜还任命夔为典乐，"教稚子"，"诗言意，歌长言，声依永，律和声，八音能谐，毋相夺伦，神人以和"。《史记·乐记》记载，"昔者舜作五弦之琴，以歌南风；夔始作乐，以赏诸侯"。但是作为华夏文明的初创期，五帝时代还属于礼乐文化的萌芽时期，而夏、商、周三代，特别是西周才是中国礼乐文化的形成时期。

周代礼制完整地讲应称之为礼乐制度，分礼和乐两个部分。礼的部分主要对人的身份进行划分和社会规范，最终形成等级制度；乐的部分主要是基于礼的等级制度，运用音乐缓解社会矛盾。前者是所有制度的基础和前提，后者是制度运行的形式和保障。周公制礼作乐，创建了一整套具体可操作的礼乐制度，包括饮食、起居、祭祀、丧葬……社会生活的方方面面，都纳入"礼"的范畴，潜移默化地规范人们的行为。具体来说，包含以下三方面内容：

首先，礼制就是人之道，是对天之道的体现，《礼记》讲"夫礼，先王以承天之道，以治人之情"。《礼书》也讲"礼者，人道之极也"。所谓"道德仁义，非礼不成，教训正俗，非礼不备；纷争辩讼，非礼不决；君臣上下，非礼不定；宦学事师，非礼不亲；班朝治军，涖官行法，非礼威严不行；祷祠祭祀，供给鬼神，非礼不诚不庄。"①社会生活的方方面面，都要以"礼"作为行为规范。

其次，礼制是对人性欲望的节制，同时培养人的爱心。"礼由人起，人生有欲，欲而不得则不能无忿，忿而无度量则争，争则乱。先王恶其乱，故制礼义以养人之欲，给人之求，使欲不穷于物，物不屈于欲，二者相待而长，是礼之所起也。故礼者养也。……孰知夫恭敬辞让之所以养安也，孰知夫礼义文理之所以养情也。"②礼是约束人的欲望，培养人的仁爱心。

再次，借着仁爱之心，将有差异的万事万物进行秩序化，形成社会秩序和行为规范，这就是礼制本身。"天地者，生之本也；先祖者，类之本也；君师者，治之本也。……故礼，上事天，下事地，尊先祖而隆君师，是礼之三本也。"③借着这种规范，社会就形成了等级秩序，"夫礼者，所以定亲疏，决嫌疑，别同异，明是非也。"④

将以上三点融合起来，"大乐与天地同和，大礼与天地同节。和，故百物不失；节，故祀天祭地。明则有礼乐，幽则有鬼神，如此则四海之内合敬同爱矣。礼者，殊事合敬者也；乐者，异文合爱者也……乐者，天地之和也；礼者，天地之序也。和，故百物皆化，序，故群物皆别。"⑤由此可见"礼"与中国文化的关系以及在中国文化中的地位。"道"、"德"、"礼"三者的关系如图5-1-1。

二、中国古代都城的文化理念

都城是一个国家最高权力机关所在地，它不仅是全国的政治中心，在多数情况下，又是这个国家的经济、交通和文化中心。可以说，都城是一定时期物质文明和精神文明发展水平的标志。《吕氏春秋·慎势》说："古之王者，择天下之中而立国"，这里的国就是都城的意思，这是天下统一之前人们关于首都定位的基本思路。《荀子·大略》曰："欲近四旁，莫如中央，故王者必居天下之中，礼也。"这是从礼制出发来说明天下之中的重要性。又如《管子·度地》也有"天子中而处，此谓因天之固，归地之利。内为之城，城外为之郭"的话。

---

① 史记·礼书. 北京：中华书局，1972：1180.
② 史记·礼书. 北京：中华书局，1972：1180.
③ 史记·礼书. 北京：中华书局，1972：1180.
④ 礼记·曲礼·十三经注疏. 阮元校刻. 北京：中华书局，1982：1231.
⑤ 史记·礼书. 北京：中华书局，1972：1180.

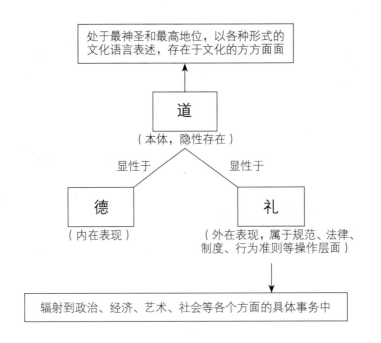

图5-1-1
"道"的表现方式（来源：作者自绘）

规划是建都的前提，建筑是规划思想的实施和体现，中国古代都城的文化基础与文化特征就是从都城规划、建设开始的。规划布局上主要是三种思想：讲究尊卑、追求秩序的"周礼"礼制思想，管子"因地制宜、重视经济、功能分区"的实用规划思想，以及基于"宇宙图景"的天人合一思想。这三种思想固化在中国古代都城规划上，形成了中国古代都城布局的特点。这种规划布局思想与西方注重单体建筑、注重实体截然不同，中国人习惯于用宏观的、整体的、动态的观点来看待都城及其所处的自然环境，强调礼制、天人合一、时空一体。这是中国古代都城规划思想迥异于西方规划思想之处，也是对世界文明的一大贡献。

建筑是建筑师的心灵展现，也是一个时代整个社会心灵的展现，作为经过千百年积淀而形成、建造于严谨完整的文化体系之中的中国都城建筑，则是中国文化理念的体现，因此可以说，建筑是一种立体化了的载体，是一种特殊的文化语言。当过往的人和事件不复存在的时候，我们却可以"人去屋在"来"睹物思情"，从留传下来的建筑中，真切地感受到民族文化的博大精深、细致入微，阅读到特定历史时期中鲜活的文化遗存，享受到祖先留给我们的文化氛围。

在中国两千多年的历史中，众多都城在城市布局上都体现了《周礼》的礼制思想（图5-1-2），譬如隋唐长安城布局严整、统一，充分体现出周代王城的布局特点；元始祖忽必烈在北京建立元大都时，得以在金的上京附近重新规划，乃以《周礼》为范本，建立面朝后市、左祖右社的格局，之后的明、清两朝不仅沿用不废，还仿照《周礼》，建天坛、地坛、日坛、月坛、先农坛等，形成现今的布局。韩国首都首尔，同样有面朝后市，左祖右社的

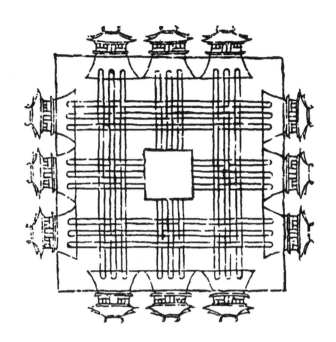

图5-1-2
《周礼》中的周王城图（来源：《中国古代建筑史》）

格局，乃是海外依仿《周礼》建都的典范。

如果把建筑当成表达思想的一种话语体系，就会发现，在以"道"为本体的中华正统文化里，"道"是建筑话语的核心思想，"礼"是建筑的语法规则。建筑作为中国文化的典型范例，集合政治、社会、艺术、科技、工艺、审美、思维、哲学以及风土习俗等于一身，承载了丰富的文化底蕴，最终在操作层面凝聚于礼制，而传统的都城建筑是最为典型和集中的体现。我国古代历代都城建筑无不与礼制所体现出的"人之道"连在一起，成为各种建筑中最为成熟和规范的典范。

第二节 中国古代都城的选址及规制

一、选址：多种因素，综合考量

中国古代都城选址都是经过全面慎重考虑的。第一是位置，必须是地理上比较适中的地方；第二要选择经济生产比较繁荣发达的地区，能够提供都城民众的生活需要；第三交通应该便利，使都城便于辐射天下；第四考虑军事意义，既要有安全性，又能够照顾各方大局；第五是政治因素，中国历代都城都有克制前朝、张扬本朝的意识。此外，堪舆学，也是都城选址时需要考虑的因素。实际上就是从居住的角度对空气、水源、采光、避寒取暖等问题进行综合考量。由于中国位于北半球，东临大海，西北高山，建城选址时多选择三面环山一面抱水的地形，最好是背后有高山，可以阻挡西北寒风，前面一马平川，不仅视野开阔，而且可以迎纳东南方向的暖风，通风采光兼顾，从而形成了居住地"坐北朝南"的讲究。

比较而言，能够集中体现上述条件的地方往往成为历朝历代的都城，如北京、西安、洛阳、开封、南京、杭州等城市。清代的华湛恩在《天下形势考》一书中论及建都之所时，比喻建都长安为建瓴之势，建都洛阳、开封为宅中图大之势，建都北京为挈裘之势。这是因为关中山河四塞，地势高峻，居高临下，故称建瓴之势；洛阳、开封地处中原四通八达之地，可向四面扩展，故称宅中图大之势；挈裘为提衣挈领之意，顾祖禹在《读史方舆纪要》中称北京为"沧海环其东，太行拥其右，漳、卫襟带于南，居庸锁钥于北。幽燕形胜，实甲天下。"意思是北京背靠燕山，西倚太行，东临沧海，山海环抱。太行山、燕山都绵延千里，十分险要，河北境内又有拒马河、滹沱河、漳河、卫河等横亘于南，以为屏障。所以能够"据上游之势，以临驭六合"，故称挈裘之势。

二、规制：方九里，旁三门

关于都城中"城"的概念，可以从以下几方面理解。首先，在商周时代，"城"，意味着国家，是统辖地的中心，同时也是身份地位的象征。按照礼制规定，天子以及诸侯、大夫可以按照自己地位的等级建造相应的城，以统治其封地之内的人民。秦统一中国后，"城"演变为从中央到地方各级统治机构的所在地，并沿用至今。其次，"筑城卫君"，城还是保卫君主的工具。再次，"城"代表"人之道"，象征着统治者以及权力，是国土的象征、人民的象征，因此必须严格按照礼制规定建造，整齐规范，秩序井然，彰显其人为规划性，体现中国文化的理念。

大多数都城均为方形，具备多重城墙，四方各设置三个城门。明清北京城具有三重城墙，分别为宫城、皇城、外城。四方虽不具备三个城门，但都有城门，外城墙有崇文门、前门、东安门、西安门。宫城（紫禁城）有午门、玄武门、东华门、西华门。城墙外设置壕沟、城墙上面设立箭垛，墙体本身修建马头墙，城门内设立瓮城，瓮城内外分别设箭楼和城门，形成双重保护。多重城墙的都城还有南朝建康、北魏洛都、唐代长安、元大都等。同时，作为天子威仪的体现，都城的城门在礼制等级上也是最高的，城门建起

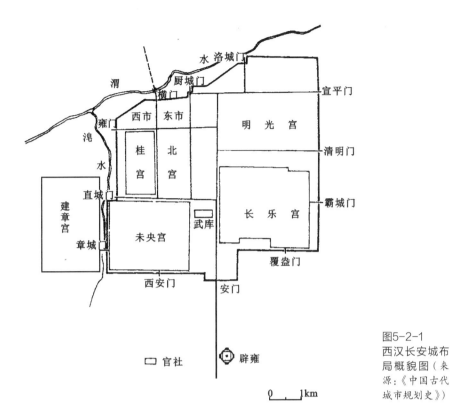

图5-2-1
西汉长安城布局概貌图（来源：《中国古代城市规划史》）

"楼"，采用青砖砌成，并用绿色琉璃瓦、歇山顶、九开间，这种规格是一般城市的城门不具备的。

西汉都城长安，是当时全国的政治、经济和文化中心（图5-2-1）。汉惠帝元年（公元前194年）开始修建长安城墙。汉武帝太初元年（公元前104年）兴建北宫、桂宫、明光宫、建章宫，开凿昆明池和上林苑，前后历时90年。城墙全部用黄土夯筑而成，高12米，宽12～16米；墙外有壕沟，宽8米，深3米。因城墙建于长乐宫和未央宫建成之后，为迁就二宫的位置和城北渭河的流向，把城墙建成了不规则的正方形，缺西北角，西墙南部和南墙西部向外折曲，这就是过去称长安城"南为南斗形，北为北斗形"，或称"斗城"的来历。全城共有12个城门，每门3个门道。东面自北而南为宣平门、清明门、霸城门，南面自东而西为覆盎门、安门、西安门，北面自西而东为横门、厨城门、洛城门，西面自北而南为雍门、直城门、章城门。城内主要建筑群有长乐宫、未央宫、北宫、桂宫、武库等。未央宫由前殿、椒房殿等40余个宫殿组成。

三、街道：九经九纬，经涂九轨

都城内的道路有九条直街，九条横街（这里的"九"可以是确数，也可以是指数量多），道路宽度为车轨的九倍，以此对道路的宽度进行规范。以唐代长安城（图5-2-2）为例，外郭城内有南北向大街8条，东西向大街14条。街道的两侧都设排水沟，并种植榆、槐等行道树。其中通往南三门和连接东西六门的六条大街是主干道，宽度大都在百米以上。城内东西14条大街，南北11条大街，把全城分割成大小不等的里坊。朱雀大街为全城的中轴线和主干道，以此为界将全城分成东西两半。城的东半部与西半部各有五条南北向的大街，构成街道的对称格局。根据考古实测，这11条街道以朱雀街最宽，约为150米（北部最宽处达155米），也是全城最宽的街道。其以东的5条南北向街道，依次宽为67米、34米、68米、68米和25米（东顺城街）；以西的5条南北向街道，依次宽为63米、108米（残存宽度）、63米、42米（残存宽度）和20米（西顺城街）。从实测结果不难看出，尽管朱雀街以西5条南北街的宽度均比以东的5条街略窄，但略去建筑施工上的误差以及地形地势的影响，仍基本上保持了东西对称的格局。另一方面，隋初在设计大兴城时，东、西、南、北均各开三门，在全城南北向街道中，通向南墙城

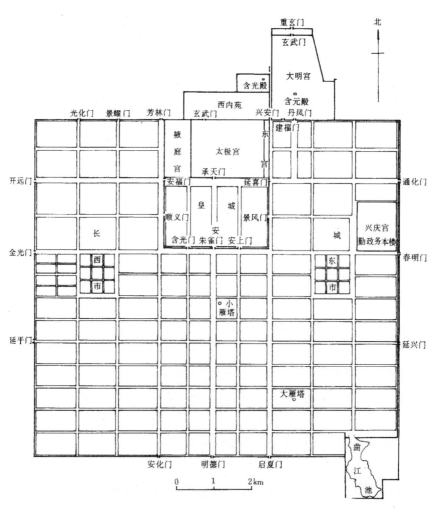

图5-2-2　唐长安城规划概貌图（来源：《中国古代城市规划史》）

门的三条街道都要宽些，启夏门街与安化门街宽度大体相当。外郭城墙内侧四面的顺城街都窄，大体在20～25米。这样设计既保持了东西对称布局的特征，同时也符合城市交通的需要。东西向的14条街道也是同样布设，通向东西城门的街道比较宽，其中皇城南面的横街直通春明门（东墙中门）、金光门（西墙中门），宽达120米。这些街道在城内纵横交错，排列整齐，将居民区划分成大小不等的里坊。白居易曾写诗形容"百千家似围棋局，十二街如种菜畦"，就是当时长安城内道路布局的真实反映。

四、分区：尊卑有别，主从有序

中国古代都城的功能可分为居住和公共设施两大部分。

首先，从居住的角度来说，都城的居民以及居住区域的划分无不显示出严格的礼制等级，体现出人为规划性。《周逸书》记载"农居鄙，士居国家"，"凡工商胥市臣仆州里俾无交为"，住在都城里的是具有"士"这一类身份的人，手艺人、商人以及农夫、奴隶等只能住在郊外、乡下。"君子居于国，小人狎于野"，说明了居住区域与人的身份的联系。《史记·秦始皇本纪》记载着秦始皇初建咸阳，"徙天下富豪于咸阳十二万户"，说的就是将全国各地财富达到一定程度的贵族集中到咸阳城成为都城居民。同时，统治者还在居住区域上进行划分：例如唐代长安城中央是皇宫，围绕皇宫两边以及北城整体都是贵族居住区，百姓则分散在其他区域居住，同时建立"里"、"坊"等制度。

其次，从公共设施来看，都城必须具备较为完善的公共设施，主要包括：（1）"市"：集市商贸区；（2）生活设施：交通要道、通衢大道、公共排水系统等生活必需的设施；（3）耕地：为居住发展留有余地；（4）环境设施：皇家园苑、坛、寺庙等，为城市提供绿地和水面，成为城市的"肺"；（5）预警设施：防火、报警、报时等设施；（6）精神需求设施：寺庙、戏院、牌坊，等等。

综上所述，都城的规划和建设就是对礼制的体现。历代都城建筑虽然形式不完全一致，但都在阐述礼制的精神和内涵，由此形成了诸多相对固定的建城规则，体现在城防设施上，宫廷、官署、民居、公共设施的建造上，建筑布局及选址上等，都显示出了礼制带给都城的规范性特色。

第三节 中国古代都城建筑的文化特征

一、建筑的文化含义

"建筑"一词来源于英语Architecture，而英语的"建筑"一词又源自于拉丁语Architectura，意思是"关于建筑物的技术和艺术的系统知识，即我们所称的建筑学。"我国学术界多年来也一直按照这种理念去认识建筑，比如"建筑是实用性的物质产品或实用艺术"。[①]《中国大百科全书》解释道："建筑学是研究建筑物及其环境的学科，旨在总结人类建筑活动的经验，以指导建筑设计创作，构造某种体形环境等，其内容通常包括技术和艺术两个方面"。[②]

随着新学科的出现以及思想的解放，人们开始试图摆脱这种单纯从技术或艺术层面评价建筑的模式。著名建筑学家吴良镛先生提出广义建筑学的理论，主张"必须整体地认识建筑。建筑不仅仅是房子，有关居住的社会现象都应该是建筑所覆盖的范围。建筑的基本单位不应该是房子，而是'聚落'(Settlement)。从三家村到小镇再到城市，都是聚落，对于一个聚落来说，房子只不过是个零件。""如果仅仅是工程技术、建筑艺术等，这些就房子论房子的观念就会受到局限，必须扩大其范围，这样建筑学跟城市规划学、园林学都成了一个概念。在此基础上……进一步发展到'人居环境'(Human Settlement)领域，人居环境的核心就是要以人为本，科技与人文相结合。"[③]这里提到的人居环境，其实就是建筑的本质，也是建筑的文化基础，是我们从文化角度谈的建筑。

而当我们从文化的角度来看建筑的时候，建筑更应该是一种具有"生活"意味的建筑，代表着一种原生态的文化。它有时间的印记，地域文化的印记，有祖先的传统带来的厚重感，有我们熟悉或不熟悉的故事，有人、情节和场景。所以，建筑文化是把建筑物作为一种对文化进行阐述的表述语言，它以空间、场景和物态的建筑作为最基本的语素和词汇，以建筑的布列法则作为句法，以建筑内外的各种因素：包括人们在建筑中举行的庆典仪式（图5-3-1）、正在进行的生产生活行为、时代印记、人物故事、屋内外的家具以及各种陈设、地理地形、自然环境等作为建筑语言的语境。这些语境因素都是依附在建筑上的活生生的文化，它使那些看起来单纯的建筑变得具有了厚度和广度，具有了时间的源流感。我们从这些建筑中，可以阅读出它所承载的文化核心思

---

① 戴碧湘等. 艺术概论. 北京：文化艺术出版社，1983：135.
② 中国大百科全书·建筑卷. 北京：中国大百科全书出版社，1988：1.
③ 吴良镛. 科技与人文相结合的一些个人体会. 人文教育与科学教育的融合. 北京：清华大学出版社2003：53.

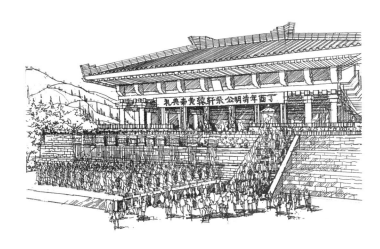

图5-3-1
公祭黄帝典礼
(来源：徐智祥绘)

图5-3-2 北京胡同（来源：王军 摄）

图5-3-3 韩城党家村（来源：王军 摄）

图5-3-4 楠溪江古村落（来源：王军 摄）

图5-3-5 周庄古镇（来源：王军 摄）

想、文化思维模式和表达模式以及文化结构体系。走进北京的胡同（图5-3-2），听到的是"水牛儿水牛儿，先出犄角后出头"的儿歌声，闻到的是豆汁儿、焦圈儿的香味儿，看到的是四合院里奔跑的孩子，摇着蒲扇乘凉的大爷，一家人围坐在院子里吃饭、聊天的有爱画面；来到陕西韩城党家村（图5-3-3），厚重的黄土味扑面而来，高亢嘹亮的秦腔吼起来，社火舞起来，古戏台、文峰塔讲述着祖先们在这里留下的各种故事；楠溪江古村落（图5-3-4）、周庄（图5-3-5）的古民居展现的却是江南水乡的温婉画面，有雕梁画栋的精美，有小桥流水的婉约，还有走过悠长雨巷的美丽姑娘……每一个看似简单的人物、场景都和周围的建筑有机地融合在一起，无声却自然地讲述着各自背后的故事，表达着其文化内涵，而这些也正是建筑文化的魅力所在。

二、中国古代都城建筑的文化基础

(一) 思想文化

中国文化的核心思想是"和",表现为天人合一,依赖于个人道德的修养,因此《大学》提出"自天子以至于庶人,壹是皆以修身为本",这是文化的根本。天德"自强不息"与地德"厚德载物"是中国文化里人格修养的榜样,作为人的志向是学习天地的品德,实现《大学》里提出的"明德、亲民、至善"的人生目标,实现它的步骤就是格物、致知、诚意、正心、修身、齐家、治国,进而使天下太平,这也是中国文化设定的人生历程。中国文化的根本目的是"为天地立心,为生民立命,为往圣继绝学,为盛世开太平",张载的这段话距今已一千多年,却成为中国人代代相传的祖训,尤其是中国的知识分子自觉地把它作为自己与生俱来的使命。中国文化的核心思想之一就是教导人如何做上下级、做父子、做夫妻,"穷则独善其身,达则兼济天下"是人生准则。由此"内圣外王",进,则造福一方百姓;退,则修身求圣,乃至不论"穷"、"达"都要济世。如何对待"钱权名利"是衡量人品的重要标准,"君子爱财,取之有道",所以儒家将人的行为规范为仁、义、礼、智、信,佛家规范为戒杀、盗、淫、妄、贪、嗔、痴,作为修身的依据,这些都是中国思想文化的根本所在。

(二) 社会文化

中国社会治理和社会运行中的文化现象和文化思想可以分为上层正统文化、家族文化以及民间大众习俗文化这三个层面。上层正统文化体现为"国"的层面,君主皇权、江山社稷以及民族存亡联系在一起;其次是"家国同构"意识下的"家文化",家族制度以及血缘亲情、心理归属认同和生存需求联系在一起;还有民俗风情、节日庆典、人生礼仪乃至各种禁忌,与平日的生产、生活融为一体,在集体性、传承性以及规范性中,使不同血缘的人群认同相同的文化,最终凝聚成历史悠长、年代久远的中华民族共同体。中国文化的社会治理讲究"礼"、"乐"并举,"大乐与天地同乐,大礼与天地同节",由此建立起一个和谐的社会,实现"太和"、"太平"的社会理想。

(三) 艺术文化

从文化的角度看艺术,不再是单纯诉诸感官的审美形式,而是从"道"的体系,即从一个人道德心灵养成以及社会心态养成的角度对艺术进行观照。以艺术的起源之一祭祀为例,想象这样一个场景:在高大而辉煌的宫殿里,正在举行着场面恢宏而又富丽堂皇的祭祀仪式,祭坛前摆放着精致的礼器(后来的工艺美术),人们演奏着"八音克谐"的神乐(后来的音乐),仪仗队庄严而肃穆地行进着,居于首位的祭祀者身穿文饰华美、流光溢彩的丝绸礼服，手持精美的玉制法器，口中吟唱着抑扬顿挫、节奏鲜明的祈祷词（后来的诗歌），随着礼乐的节奏手舞足蹈表演着舞蹈，并且在墙壁上或者是特殊的器具上描画着即将发生的狩猎、生产、战争的情景（后来的绘画，也演变成为后来的文字和"符"），以祈求部落在即将发生的事件中能够获得利益。艺术逐渐成为文人们培养人格心灵的手段，艺术的器械成为通神的"神器"，艺术学习的过程成为人们净化心灵的过程。

在各种仪式中，在礼、乐的氛围里，在文化认同的归属感中，人们心态安详平和，语言温文儒雅，动作文质彬彬，互相之间谦和礼让，在真诚甚至是虔诚中充满了和谐的美感，这就是孔子讲的艺术具有"群"——同化的作用，即凝聚民族的作用，"华夏贵胄"、"礼仪之邦"因此形成，文明古国由此威名远播。

（四）科技文化

中国文化是以农耕自然经济为主要生存方式的文化，"天人合一"是指导思想，顺应自然规律生产和生活是人们幸福和长寿的根本，一切科学技术的推广和应用是以能否保持人与自然和谐、人与人的和谐、人类自身和谐为前提的。禹和鲧的治水成败其实是不同文化观念下人类生存方式的成败，是善待自然与否的成败。都江堰工程以无坝引水、有口无闸，利用鱼嘴、弯道等地形以及水本身的特性进行自然排沙等治水方法，实现了天人合一的文化理念，体现了中国文化的"无为"哲学，展示了以柔克刚、因势利导的智慧，以及善待自然、善待他人的文化原则，是人类利用科技改造自然、与自然和谐发展的典范。

三、中国古代都城建筑的文化特征

（一）建筑布局：左祖右社，面朝后市

古代都城最重要的功能有两个，一是运行政权，一是祭祀神灵和祖先，前者是国家机器的运行，后者是运行国家机器的人的思想和观念；前者是运行管理，后者是文化教化——为这种管理的权力建立正统的言论地位，并灌输给民众使他们接纳和认可，建筑由此具备文化的功能和意义，因此在都城里建造什么以及在哪里建造就显得非常重要，必须经过预先规划。

中国礼制思想的重要内容之一就是崇敬祖先、提倡孝道，因此要祭祀土地神和粮食神。有土地才有粮食，"民以食为天"，"有粮则安，无粮则乱"，风调雨顺、国泰民安是人所共知的天经地义。《周礼·考工记》"左祖右社，面朝后市"体现的正是这一理念。"祖"为祖宗庙，"社"为社稷坛，"朝"为外朝以及中央行政机构，"市"为市场。这是以内朝为坐标点阐述的都城主要建筑以及布局特点，所谓"左祖"，是在宫殿左前方设祖庙，祖庙是帝王祭拜祖先的地方，因为是天子的祖庙，故称太庙；所谓"右社"，是在宫

殿右前方设社稷坛，社为土地，稷为粮食，社稷坛是帝王祭祀土地神、粮食神的地方。古代以左为上，所以左在前，右在后。"面朝后市"是说王宫的前面是朝廷，后面（北面）是集市，方便统治者工作和生活。

"左祖右社"布局比较典型的是明清北京城（图5-3-6）。皇城门的左边是太庙，祭祀供奉祖先，象征了时间；右边是社稷坛，稷是谷物神，粮食和土地是人生存的根本，所以是祭祀的重要对象，社稷成为国家的代称，象征了安身立命的空间。

"面朝后市"布局比较典型的如汉长安城、元大都。汉长安城的布局可以方便与城北渭河沿岸工商业集中的地区交往，同时南城的行政机构以及王宫贵族便于与城南上林苑等大面积皇家园林宫苑融为一体（图5-3-7）。元大都（图5-3-8）的布局以漕渡的终点站什刹海为核心，形成北城繁荣的商业中心。

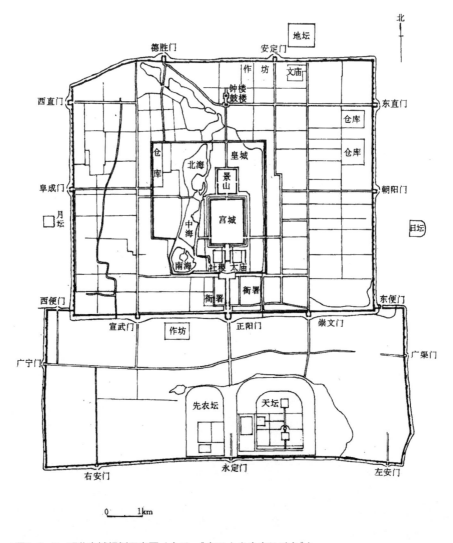

图5-3-6　明北京城规划示意图（来源：《中国古代城市规划史》）

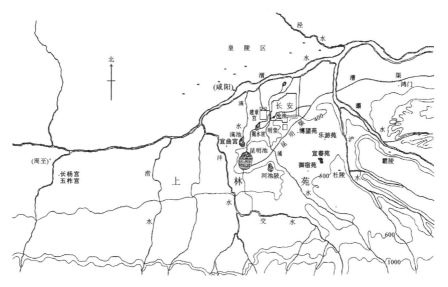

图5-3-7 汉长安城及宫苑分布图(来源:《中国古典园林史》)

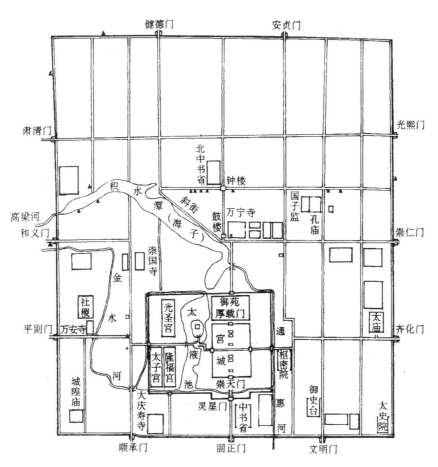

图5-3-8 元大都规划概貌图(来源:《中国古代城市规划史》)

（二）城市中心：宫殿主殿与中轴线

中国古代建筑成就最高、规模最大的就是宫殿。宫殿是帝王朝会、居住和享乐的场所，是中国古代建筑中级别最高的类型，规模宏大，形象壮丽，格局严谨，凸显王权的尊严。根据考古发现，早在商代时期，就出现了宫殿。秦汉以来，宫殿规模更为宏大，如秦始皇的阿房宫，汉武帝的未央宫、长乐宫、建章宫，唐代的大明宫，明朝的南京故宫。我国现存宫殿建筑以北京故宫和沈阳故宫为代表，尤以北京故宫，即明清紫禁城最为宏大和完整。

中国都城的宫殿一般都有一个主殿，这个主殿是都城也是全国的核心建筑，同时还是等级最高的建筑，一般处于都城中轴线的中心位置。比如明代的皇极殿（清代改名太和殿）、元代的大明殿、曹魏的太极殿，等等。同时，都城一般都具备一条由等级最高的建筑组合而成的、贯穿都城城内南北的中轴线。《永乐大典》中的曹魏都城洛阳图，西晋都城洛阳城，《金陵古今图》中的南朝建康城图、北魏洛都图，唐代长安城、元大都、明清北京城等都具备中轴线。在这条中轴线上，从南到北连缀着都城的中央行政机构、外朝三大殿、内朝三大殿三大部分。

明清北京城的这条中轴线最南端是中央六大部行政机构。中间是太和殿等外朝三大殿，北端是乾清宫等内朝三大殿（图5-3-9）。这些机构是整个国家的心脏和命脉，也是国家机器运行的核心，它们的重要性使得这条原本虚设的中轴线具有了至高无上的神圣性。溥仪在《我的前半生》一书中，曾经讲述这条中轴线的神圣性，神圣到只有他作为皇帝本人才可以踩踏，而皇后只有在结婚那天，举行婚礼大典的时候才能踩一次，也是她一生唯一的一次，因为它象征了皇权的同时也象征了国家和江山社稷。

（三）建筑规范：遵循礼制，等级森严

都城的规划性还表现在建筑本身按照严格的礼制要求形成等级标准。序列递

图5-3-9
北京故宫中轴线（来源：王军 摄）

进的层次感，空间、体量的大小、高矮、开合、明暗等形成对比，还有屋顶的样式、斗栱的层数、门钉、台阶、基座、琉璃瓦、彩绘图案等因素，都从多方面凸显出核心建筑的最高等级及其神圣性。

《周礼·考工记》记载："室中度以几，堂上度以筵，宫中度以寻，野度以步，涂度以轨"。"王宫门阿之制五雉，宫隅之制七雉，城隅之制九雉。"这是都城从王宫到郊外，各种建筑和道路空间测定的统一尺度标准。"庙门容大扃七个，闱门容小扃三个。路门不容乘车之五个。应门二辙三个"，"门阿之制，以为都城之制，宫隅之制，以为诸侯之城制。"显示出了等级递进的关系。"内有九室，九嫔居之。外有九室，九卿朝焉。九分其国，以为九分九卿治之。"将内朝、外朝以及国家各分为九，分别由嫔妃居住，大臣上朝使用，重臣分担治理。

例如明清北京城，在空间和尺度上以太和殿（图5-3-10）最为高大豁亮，其间柱的柱数也最多，为十一开间；花纹图案则以"蟠龙和玺"为最高等级，房顶也是重檐庑殿顶的最高等级。此外，在建筑的色彩方面也同样体现出严格的礼制要求。灰色调成为北方都城的基本色彩，北京民居也多以青灰色砖瓦为主体基调，就是为了衬托出核心建筑金色的灿烂辉煌，以及红色的神圣尊贵。

图5-3-10　北京故宫太和殿（来源：王军 绘）

第四节　都城宫殿建筑文化

中国古代最大的城市是都城，布局最规范、规划最严谨的也是都城；最高规格的建筑是都城的建筑，尤其是其中的宫殿建筑，体现了统治的最高性和神圣性。唐代长安城的大明宫含元殿，明清北京城的紫禁城太和殿，都是全城乃至全国在建筑体系话语里最神圣的空间符号。而这种神圣性，正是都城宫殿建筑所蕴含的文化内涵，包含着诸多内容。

一、宫殿建筑中的"殿"与"堂"

建筑不仅是遮蔽风雨的场所,在中国文化体系里,它成为载"道"的工具,是中国文化核心——"道"的象征,尤其是建筑中的"殿"、"堂",更是一种神圣空间的典型符号,体现了中国文化的思维和表达模式。

周代,天子的正屋称为殿、堂或明堂,诸侯大夫的正屋也可以称为堂,《礼记·礼器》记载:"天子之堂九尺,诸侯七尺,大夫五尺,士三尺。"这说明,在周代已经开始在尺度大小上体现等级身份。唐代以后,民间百姓的正房称为堂,殿成为帝王居所的专用名词,相当于古代的"明堂","明堂者,天子大庙,所以祭祀,夏后氏世室,殷人重屋,周人明堂,飨功养老,教学选士,皆在其中,故言,取正室之貌,则曰大室,取其堂则曰明堂,取其四时之学则曰大学,取其围水则曰辟雍,虽名别而实同。"①可见,堂屋还有其他的许多名称,都是表示处于正中、核心的位置,主要用于"祭祀","飨功养老,教学选士"。《周礼·考工记》记载:"云明堂者,明政教之,堂者,以其于中听朔,故以政教言之。明堂者,明诸侯之尊卑。"②这里首先讲了"明堂"是"听朔"的地方,也就是观察天文、体悟大地自然之道的所在;其次也表明通过堂屋不同等级的划分,来体现诸侯天子等不同的等级身份,以及社会礼制秩序的教化方式。《孝经纬·援神契》记载:"得阳气明朗谓之明堂,以明堂义大故所命题广也。"讲的是由于明堂是坐北朝南的正屋,"阳气明朗",故而是教人堂堂正正做人的楷模之所在。清代计成所注《园冶》中说:"堂者,当也,谓当正向阳之屋,以取堂堂高显之义。"③堂屋具备高大中正、将天地浩然之气收于一体、并将之辐射到整个院落其他房屋的特点,在天人合一的理念下,自然就具备了中国文化的深意。

人们常说,"王有殿,民有堂",就是因为帝王的"堂"是一个国家最高的象征,是建筑里最高等级的建筑,通常用来举行盛大的仪式庆典,被称为"殿"。例如唐代的含元殿、明代的皇极殿、清代的太和殿,其作用与民居的堂屋相似,区别仅在于一个是国的象征,一个是家的象征。

二、宫殿建筑的神圣性及其表现手法

(一)宫殿建筑的神圣性

宫殿建筑的神圣性首先来自于建筑本身在文化上的象征意义。通过对建筑布局的设计、对建筑物的使用(例如举行庆典仪式)、召集重大活动、

---

① 蔡邕. 明堂月令章句. 转引自《十三经注疏》. 北京:中华书局,1982:1487.
② 周礼·考工记·十三经注疏. 阮元校刻. 北京:中华书局,1982:928.
③ 张家骥. 园冶诠释. 太原:山西人民出版社,1993:222.

书写牌匾、楹联以及追溯历史人物事迹、典故等，赋予它全息而完整的文化信息，以全面的文化统摄性进而体现其神圣性。其次，宫殿建筑的神圣性来源于人们心灵深处的信仰所形成的神圣空间。在人们心灵的神圣空间里供奉着他最崇拜和向往的事物，代表着他所追求的思想或者观念，折射到建筑上，承载了中国文化的核心思想观念、文化的结构体系、思维和表达模式。

（二）宫殿建筑神圣性的表现手法

1. 通过名称凸显其神圣性

（1）唐代的"太极殿"、"含元殿"

太极殿是唐初最大的宫殿建筑群太极宫的主殿，是皇帝主要听政视朝之处，每逢朔（初一）、望（十五）之日，皇帝均临此殿会见群臣，视朝听政。另外，皇帝登基，册封皇后、太子、诸王、公主大典及宴请朝贡使节等也多在此殿举行。唐高宗以后，皇帝多移居大明宫和兴庆宫，但每遇登基或殡葬告祭等大礼，仍移于此殿进行，它在长安三内诸殿中地位最尊。含元殿是唐长安城大明宫的大朝正殿，也是唐长安城的标志性建筑，建成于龙朔三年（公元663年），毁于僖宗光启二年（公元886年），其间逢元旦、冬至，皇帝大多在这里举行大朝贺活动。

"太"和"极"都是"大"的意思；"含"是"内涵"的意思，"元"有多义：首先，"元"是"混元"的意思，表示天地未形成前的混沌元气或混沌状态，具有时间的原始、古远、源头的意思。《汉书·律历志》中载："三统合于一元"。三统指天、地、人。"一元"一启动，两仪便产生，万物由此开始。老子讲"道生一，一生二，二生三"，"元"就是这里的"一"，表混沌，与道同体，是万物唯一的本源之意，表示头首、开始、大、善、本来、原来。其次，"元"是"元浑"、"混沌"的意思，是包含万物，无所不含的意思，表达它的胸襟阔大无限，"元"的核心文化思想为"元一"，佛家讲"一即一切"，"大海不拒百川水，一滴水具百川味"，就是指每个个体具备整体全息，无所不包的意思。《庄子·天下》："至大无外，谓之大一。"因此，"含元"是蕴含和统领万物的意思。

唐代皇宫的主殿含元殿所在的大明宫并未选择建在长安城的中心位置，而是建在了长安城的最北端，因为这里是全城地势最高的地方。皇帝贵为天帝之子，因此皇宫对应北方天空的紫微垣区域，其中又以天帝所居天庭（北极星附近）为核心，故而大明宫突出于城北的制高点，以象征它的"极"点，以此突出其神圣性和最高等级。

（2）元大都的"大明殿"

大明殿是元大都宫城中的正殿。古代"大"与"太"通用，也是"极"的意思。"明"可以有多种理解。首先它是智慧的象征，《大学》有"古之欲明明德于天下者"之句，前一个"明"为动词表"明白"，后一个"明"为形容词，表智慧的"上德"；其次它是日月、阴阳变化的自然之道的意思；另外它还表示清明、和谐社会的意思。

（3）明代的"皇极殿"

皇极殿本名奉天殿，明永乐十八年（1420年）建成，明嘉靖四十一年（1562年）改称皇极殿，是明代皇宫的主殿。《尚书·洪范》载："五曰建用皇极"，注释"皇大极，中也，凡立事当用大中之道"。"皇极，皇建其有极"，正义讲"皇，大也，极，中也。施政教治下民当使大得其中，无有邪僻"。①明代刘若愚《酌中志大内规制纪略》："皇极殿，即奉天殿也，金砖玉瓦。""皇"的本意是"大"，"极"是最高境界的和谐状态，皇极与"太极"同义，表示帝王统治的准则要符合天地自然的中道规律，保持和谐的状态，追求道德的最高境界。故而"皇极"有"无为"的意思。

（4）清代的"太和殿"

太和殿是清代皇宫的主殿，实为明代的皇极殿，清顺治二年（1645年）改今名。建成后屡遭焚毁，多次重建，今殿为清康熙三十四年(1695年)重建后的形制。"太"即"大"，"和"即"和谐"，两者相合表示高度的和谐。太和殿位于清北京城中轴线的中心位置，正如《中庸》中所说："喜怒哀乐未发谓之中，发而皆中节谓之和。中也者，天下之大本也，和也者，天下之达道也。致中和，天地位焉，万物育焉。"②从中可看出，太和就是高度的和谐，与中和是一致的，天地万物处于高度和谐状态的时候，也就是"天地位焉"，万物各行其道，各司其职，因此"万物育焉"，即万物都得到养育生存发展。

2. 通过布局凸显其神圣性

（1）四面围合，形成众星拱月之势

中国古代宫殿布局一般都是象天设都，即模仿天象安排建筑布局。中国传统宇宙观认为，在上苍存在一个以紫微垣为核心的天国宫阙，是天帝所居之处，位于天宫正中，周围有象五宫二十八宿形成拱卫之势。由是皇宫在布局时采取围合形式，对皇宫的核心形成拱卫之势。例如，明、清北京城在布局上，首先是以外城、皇城、紫禁城有形的三重城墙对以太和殿为主殿的建筑群进行层层围护；其次是巧借地形，无形地构成三面环山一面抱水的围合局面，北京城北面是高峰军都山，西边的西山次之，东边的燕山最低，宛若一把太师椅，南面是永定河，形成了围合状。这种层层围合的形式，向外辐射的同时也向内反馈，不断折射形成都城与天下的紧密联系，体现大一统的文化理念。

---

① 尚书·洪范·十三经注疏．阮元校刻．北京：中华书局，1982：189．
② 尚书·洪范·十三经注疏．阮元校刻．北京：中华书局，1982：189．

（2）横排烘托，形成层层护卫之型

仍以明清北京紫禁城为例。太和殿是整个宫殿建筑群的中心点，殿上宝座背后的屏风是第一道烘托，烘托出宝座神圣无比的象征意义。第二层烘托是以五方亭为屏障的景山（明代称万岁山）。景山的作用非常重要，首先它与太和门以及天安门前的金水河组合成较好的环境地势；其次，景山是明北京城的中心，它位于元大都内朝主殿延春阁之上；再次，景山是北京城内唯一的制高点，从五方亭内供奉的五方佛就可以明了，景山对东、西、南、北、中、全国乃至"天下"具有统摄力，从而表明其在烘托王权神圣性方面的作用。第三层横排烘托是北京城北的西山、军都山、燕山形成的天然屏障。最后一层横排烘托是中国西北高山、东北长城形成的层层护卫。

（3）中轴线纵贯南北，凸显核心建筑的神圣威严

都城的中轴线是空间与时间的融合体。作为中轴线上的空间组合，最为重要的是从天上俯视时要能看到它所处的核心位置；与此同时，还要从每个行走之人的角度让其感受到这条中轴线背后蕴含的文化内涵，体会它的神圣性。

纵贯皇城朱雀门和外城明德门的城市中轴线，使唐长安城形成东西对称的格局，东部是万年县，西部是长安县（今为西安市长安区），东西两部各有一个商业区，称为东市和西市。城内南北11条大街，东西14条大街，把居民住宅区划分成整齐的108坊，其形状近似一个围棋盘。

明清北京城的中轴线全程为：中华门（明代称大明门，清代称大清门，民国时期改称中华门）——天安门（明代称承天门，清代称天安门）——端门——午门——太和门（明代称皇极门，清代称太和门）——太和殿（明代称皇极殿，清代称太和殿）等前朝三大殿——乾清宫等后朝三大殿——玄武门——景山（明代称万岁山，清代称景山）——地安门——鼓楼。中轴线上的高潮是前后朝三大殿，而重点在前半段，最高点在太和殿（图5-4-1、图5-4-2）。

下面以明清北京城的中轴线为例具体分析。

中华门到皇城门天安门（明代称承天门）之间是一个狭长的千步廊加一个横向的小广场。千步廊两边是中央各大机关，分别为工部、户部、礼部、兵部、宗人府、鸿胪寺、钦天监、五军都属府、太常寺、锦衣卫。当行走者身处狭长空间时，远望可见巍峨的皇城门，身边是国家行政机构，立刻感到国之重器带来的神圣感，个人因此显得无比渺小。由这个空间来到横向的天安门广场，空间由狭长变得宽广，突然的开阔感，似乎要让人放松，但广场东西两个门又在功能上给人以严肃感。东门被称为"龙门"，每当科举殿试时，考生们从此门进出，凡中进士者，姓名被写入黄榜，张榜于此建立的"龙棚"，应试者因此如鲤鱼跃龙门，身份大变。行走者在此可以联想到许多人物升迁的故事。西门则被称为"虎门"，是每年进行秋审时，重大死

图5-4-1 北京故宫鸟瞰图（来源：《建筑的涵意：在电脑时代认识建筑》）

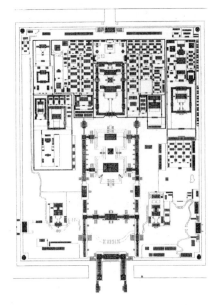
图5-4-2 北京故宫总平面图（来源：《建筑的涵意：在电脑时代认识建筑》）

刑犯验明正身、判处极刑的出入口。行人于此想到的则是伴君如伴虎，动辄就有可能被诛灭九族。生与死，毁与誉就在同一个空间的一念之差中，不得不让人小心翼翼。进入天安门城门洞内时，人的自身心理已被压抑到极点；待出得门洞，是一次放松，但前面的端门门洞的出入对行人来说又起到一次收放作用，两次以后，人的自傲心理基本就被打消掉了。

再往北行是午门，这是紫禁城的正门，是三个城门中等级最高，也是最威严的一个门，可称为最后一轮"杀威棒"，表现了严正和肃杀之气。午门的肃杀之气首先来自于它的形式：第一，午门以三面高墙和封闭性特点，给人以严肃、严厉和压抑感；第二，午门城门的房顶为重檐庑殿顶，黄金琉璃瓦，是最高的屋顶等级；第三，午门城墙高达40米，两边模仿唐代含元殿耸起的"阙"，形成凹形的半封闭空间。对于普通人来说，这个尺寸是巨大神圣、压抑封闭而且无法逃脱的（图5-4-3）。正因如此，美国建筑师摩尔菲评价说："其效果是一种压抑性的壮丽和令人呼吸为之屏息的美。"其次，午门的神圣和威严还来源于它的使用功能。这里是大臣班师回朝向皇帝进献俘虏头颅、皇帝论功行赏的地方，同时也是以过错责罚、廷杖朝臣之处，体现了王权律法严明的严肃性。据史料记载，仅明代在这里被打死的大臣就有300多人。因此，当行走者到达此处时，不由反复提醒自己，倍加小心谨慎。

经过午门"杀威棒"最严厉的打击，从午门出来时，看到的则是另一派景象——天高地阔、辉煌的太和门（明代称奉天门）和两边的侧门连成一线盘桓于天地之间，仿佛已经置身于天上宫阙，汉白玉基座如同几朵白云围绕着天宫。太和门内外以圆形造型为主，在刚刚还充满了恐惧感的行走者心里

图5-4-3 故宫午门（来源：王军 摄）

图5-4-4 故宫太和殿（来源：王军 摄）

注入了一丝优美和美妙的感觉，升起敬爱之情，这是面见皇帝必备的心理。

再往北就到了外朝三大殿，这是中轴线的主体，也是设计师渲染的重点。外朝三大殿由太和殿（图5-4-4）、中和殿、保和殿构成（明代称为皇极殿、中极殿、建极殿）。"太"是极，"中"是中庸，两者从不同角度表述了宇宙万物在高度和谐状态下的理想境界。"保和"则有维持这种和谐，即老子"冲气以为和"的意思。总结起来就是：天地万物，保持遵守自然规律，和谐运行，就有利于天下，使天道发挥。外朝三大殿尤其是其中的太和殿，是国家举行最高等级庆典仪式的场所，商议江山社稷大事之所在，故而体现了中国文化的深刻含义。

第一，从哲学角度，老子说："人法地，地法天，天法道。"《周礼·中庸》讲"致中和，天地位焉，万物育焉。"在天、地、人三层结构中，太和殿属于人之道，同时承载了天地自然之道，因而才被命名为太和殿（同样的，唐代的"含元殿"、明代的"皇极殿"也是如此）。中和殿挂了一块牌匾，上书"无为"，正是中国文化的精髓。"无为"是指条件成熟时直接切入主题治理天下，条件不成熟时则在外围进行准备工作，按照先天基础进行符合客观规律的改变，韬光养晦，为以后进入主题创造条件，一旦条件成熟则按照客观规律大张其事。老子讲"道常无为而无不为"[①]"无不为"说明了无为不是什么都不做，而是按照自然规律做事情，无所不成功。因此，老子进一步讲"侯王若能守，万物将自化。化而欲做，吾将镇之以无名之朴。无名之朴，亦将不欲，不欲以静，天下将自定"。[②]意思是，如果各级领导都能坚持按照无为的原则处理事物，那么万事万物、社会百姓就都会按照自然规律运行改变。在治理国家方面，"无为"表现为"圣人无常心，以百姓心为心"[③]，以公天下的心看天下，以百姓的需要为行政的任务，这就是"无为"治国的含义。因此，"以德布施天下，因而不王而王"的三皇是为统治者的最高典范，也是无为治国的典范，身居高位而能够"破我执"地做事

---
① 道德经·为政·三十七. 杭州：浙江古籍出版社，1989：57.
② 道德经·为政·三十七. 杭州：浙江古籍出版社，1989：57.
③ 道德经·任德·四十九. 杭州：浙江古籍出版社，1989：70.

情,是中国文化的大智慧,也是统治者人格理想的实现。

第二,从政权实际运作的角度,就所承载的政治心理意义的象征性以及作为建筑语言的神圣话语而言,太和殿对内不仅是最高统治权的象征,也是全国民众精神心理的凝聚点,对外则是国家民族在建筑上的象征与形象。也就是说,太和殿作为明堂建筑具有国家、社稷以及治理天下的意义,因此,明、清两代帝王都非常重视它的建造,建成后虽屡遭焚毁,却都多次重建,得以完好保存至今。

第三,太和殿在美学上体现了中国文化正大光明的美学价值观。其一强调中正与对称的布局,院落的运用与空间的变化;其二强调对比手法,讲究建筑形体尺度的对比;其三故宫整体体现了深邃、宽阔、高大的建筑特点;其四,色彩与装饰体现了中正、和谐、庄严、稳重的审美理想。太和殿位于首都核心地区,由三重城墙围合,一条中轴线强化,黄金色彩强调,最高等级规制突出,彰显了中国文化中"道—德—礼"的文化结构。

第四,体现了中国文化最高等级与最平凡事物之间的关系。中国文化讲究圆融和谐,最高级的也是最平凡的,最神圣的一定要在本质上与最大众化的事物具备异质同构的特征。社会万物按照属性归类后形成秩序——礼,其外在表现就是法律条文、规章制度,建筑上就是不同的建筑规格以及样式形成的等级礼制。但是仅仅将差异秩序化并不能真正实现社会的和谐,必须在事物和人心内部同时引起共鸣和爱心,才能真正实现和谐。太和殿虽然在群体建筑的烘托下显示出其神圣性,但对于周围环境(建筑、人)都具备一定的亲和性,体现出群体建筑的共通性、相互和谐性和趋同性。

最后,是内朝三大殿乾清宫、坤宁宫和交泰殿。乾坤代表天下万物,交泰殿处于乾坤两殿之间,象征皇帝夫妻和谐,家庭和睦,由此天下平稳和睦,社会安定和谐。

第五节 都城民居建筑文化

《吴越春秋》记载:"鲧筑城以卫君,造廓以守民,此城郭之始也。"中国古代都城建设中,除了地位至高无上的宫殿建筑外,还有大量由各类居住建筑构成的居民区,它们和宫殿、坛庙、集市等共同形成了都城完整的城市格局。下面就民居建筑的文化内涵、四合院民居建筑的文化阐释问题予以讨论。

一、民居建筑的文化内涵

华夏文化是家国同构的文化,"修齐治平"将个人、家庭与国家天下融合成为同一个体系。民居尤其是都城里的民居实际上是对都城的缩微,与宫殿建筑相比,它把那些天地之道的神圣玄奥的文化思想,更多地通过血缘亲情的纽带,以更亲切具体的形式传达给每一个家人,渗透到他们日常生活的点滴之中,体现出家文化的柔和亲善,其背后起支撑作用的则是博大精深的民族文化。

《宅经》开篇讲:"夫宅者,乃阴阳之枢纽,人伦之轨模。……人因宅而立,宅因人得存。人宅相扶,感通天地,故不可独信命也。"①"宅",即"家",一方面作为建筑语言表述着文化理念,另一方面也对人的心灵产生教化作用,所以古人把它作为人格教化的一种手段,即"礼"的一种表述话语。可见,民居建筑就是"家"文化的表述,是载道之器,具有"背景感召"与"心理渗透"的作用,是每个人人生的第一课堂与首位教师。

进一步而言,作为民居神圣空间的堂屋,就更可以成为一个家庭的象征,围绕堂屋所形成的文化现象以及文化特征,我们将之称为"堂文化"。"堂者,当也。谓当正向阳之屋,以取堂堂高显之义。"②所谓堂文化,从实的角度讲,就是以堂屋为核心,感官可以感受到的一切信息:四合院的布局、建筑样式等建筑元素;画像、楹联、牌匾等装饰;因血缘纽带、亲情关系住在一起的家人、族人;堂屋里举行的人生礼仪、庆典仪式等。从虚的角度讲,是指从前者延伸出来的时间、空间以及哲学上更深远的意义:家庭观念、家族观念、乡土观念、民族观念、国家观念、天下观念以及人之道、天地之道的观念,由此堂文化全方位地承载了中国文化的理念。

"堂"是"家"的核心。中国文化里的"家"主要有两方面职责:一是生理基因血缘的传承,一是文化基因的血脉传承,而堂文化的核心正是对心理归属感和责任感的教育。家庭教育是实现人格教化的首要途径,而这种教育正是通过"堂文化"来实现的。由此,堂屋就不再仅仅是一个简单的房子了,而是被赋予了文化含义,成为民居建筑里的神圣空间,承载了中国文化的核心思想观念、文化的结构体系以及思维模式和表达方式,成为家文化到国文化再到民族文化的大体系里的一个小体系。

中国历史悠久,疆域辽阔,自然环境多种多样,社会经济环境不尽相同,因此形成了各具特色的多种民居建筑形式。这些民居建筑被深深打上了地理环境的烙印,生动地反映了人与自然的关系。最有代表性的如北京四合

---

① 黄帝宅经·四库全书子部精要. 天津:天津古籍出版社,1998:75.
② 张家骥. 园冶诠释. 太原:山西人民出版社,1993:222.

院、广东镬耳屋、潮汕下山虎、黄土高原窑洞、皖南民居、福建土楼、北方草原蒙古包、西南地区干阑式、云南"一颗印"等（图5-5-1~图5-5-6）。各族人民常把自己的心愿、信仰和审美观念，把自己最希望、最喜爱的东西，用现实的或象征的手法，反映到民居的装饰、花纹、色彩和样式等结构中，如汉族的鹤、鹿、蝙蝠、喜鹊、梅、竹、百合、灵芝、万字纹、回纹等，云南白族的莲花，傣族的大象、孔雀、槟榔树图案等，都会在民居建筑中有所反映，使得各种民居呈现出异彩纷呈的民族特色和地方特色。

中国汉族地区传统民居的主流是规整式住宅，以采取中轴对称方式布局的北京四合院为典型代表。江南民居普遍的平面布局方式和北方的四合院大致相同，只是一般布置紧凑，院落占地面积较小，以适应当地人口密度较高、要求少占农田的特点。下面以都城民居建筑的典型代表四合院为例，对民居建筑的文化内涵作进一步的阐释。

图5-5-1 广东大旗头村三间两廊民居（来源：《中国传统民居类型全集》）

图5-5-2 陕北窑洞（来源：王军 摄）

图5-5-3 皖南民居（来源：张剑芳 摄）

图5-5-4 福建土楼（来源：王军 摄）

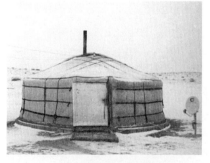

图5-5-5 锡林郭勒盟苏尼特右旗蒙古包（来源：《中国传统民居类型全集》）

图5-5-6 瑞丽傣族干阑民居（来源：《中国传统民居类型全集》）

二、四合院民居的建筑布局

(一) 四合院的特征及演变

四合院的历史可追溯到公元前三千年前的西周,是我国传统建筑群体布局的基本形式,被应用于宫殿、寺庙、民居等各个建筑类型。其中,数量最大、分布最广者,当属四合院民居建筑。四合院民居通常由正房、东西厢房和倒座房组成,"四"指东、西、南、北四面,"合"即四面房屋围在一起,故名四合院。呈"口"字形的称为一进院落;"日"字形的称为二进院落;"目"字形的称为三进院落。一般而言,大宅院中,第一进为门屋,第二进是厅堂,第三进或后进为私室或闺房,是妇女或眷属的活动空间,一般人不得随意进入。

四合院历史悠久,陕西岐山凤雏村周原遗址出土的两进院落建筑遗迹,是中国已知最早、最严整的四合院实例(图5-5-7)。汉代四合院建筑受到中国传统文化的影响,从选址到布局,融入了一整套理论学说。唐代四合院上承两汉,下启宋元,其格局是前窄后方,这些四合院多是廊院式院落,即院子中轴线为主体建筑,周围为回廊连接,或左右有屋,而非四面建房。晚唐出现具有廊庑的四合院,逐渐取代了廊院,宋朝以后,廊院逐渐减少,到明清逐渐绝迹。

元明清时期四合院逐渐成熟。元世祖忽必烈"诏旧城居民之过京城老,以赀高(有钱人)及居职(在朝廷供职)者为先,乃定制以地八亩为一分",分给前往大都的富商、官员建造住宅,由此开启了北京传统四合院住宅大规模形成时期。20世纪70年代初,北京后英房胡同出土的元代四合院遗址,可视为北京四合院的雏形。后经明、清完善,逐渐形成北京特有的四合院建筑风格(图5-5-8~图5-5-10),其建筑和格局体现了中国传统的文化理念。

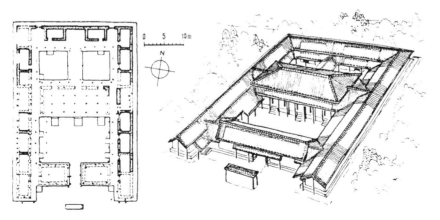

图5-5-7 陕西岐山凤雏村西周合院建筑(来源:中国居住建筑简史——城市、住宅、园林)

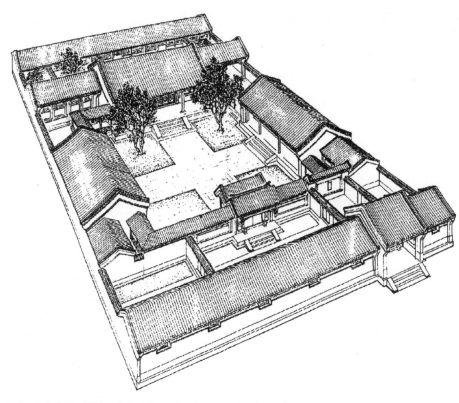

图5-5-8 北京典型三进院四合院（来源：《北京四合院建筑》）

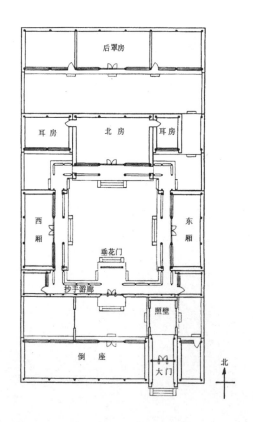

图5-5-10 北京城区某合院民居（来源：《中国传统民居类型全集》）

图5-5-9
北京典型三进院
四合院平面图
（来源：《北京四合院建筑》）

（二）四合院布局的内向性

四合院对外是封闭的，以厚墙形成与外界的隔绝，自成一个体系。四合院这种相对封闭的形式，既很好地解决了安全防盗的问题，又不妨碍邻里之间的交往需求，还可以阻隔噪声污染。1990年的一份统计报告显示，四合院和高层住宅的安全感对比是34：11，邻里交往多和少是84：8，老人的寂寞感是17：71。[①]可见，四合院营造的是一种安静、祥和的理想生活状态。

四合院内部的各个空间对内是开放的。首先，房与房之间对内的墙面大多是矮墙或者不使用实墙。由于中国建筑是木构件的榫接结构，立柱顶千斤，所以不靠墙体承重，从而解放了墙体，才会形成这种效果。这种对院里各个房间之间通透性的追求，与其说是强调房与房之间的亲和性，不如说是追求住在屋里的家人之间亲密无间的感觉，培养家人"一家人不分彼此"的意识，也形成了中国人没有个人隐私的观念。其次，空间的通透性还表现在进院和跨院之间的过渡以及房、廊、庭院之间的过渡上，形成一种时间与空间的延伸。四合院的空间在理论上是可以无限延伸的，纵向的延伸是进院，横向的延伸则是跨院。几个进院、几个跨院就形成了《红楼梦》里的荣国府和宁国府，同时也形成了一个庞大的复合式家庭。房屋与院落本来是实与虚的两个对立空间，根本不相干。然而，廊有如一个半实半虚、半开敞半封闭的空间，处于房与庭院之间，形成一个过渡空间。与此同时，房对着院落的一面墙是虚的，基本是窗户，所以是以封闭为主兼有开敞性的空间，而院落又不同于完全空旷的平地，是有着四面围合但上部开敞的空间，由廊将似乎本不相干的房与庭院这二者融为一体。所以堂屋面对的空间也是整个四合院里最大的空间——天与地。由此，堂屋的概念被延伸的同时，庭院的概念也被延伸了，二者相互区分中又相互渗透融合。

（三）以堂屋为主体的建筑布局

四合院在布局上采用多种手法以突出堂屋的核心位置，来显示其地位的神圣性。

1. 轴线

从垂花门到堂屋为一条南北中轴线，堂屋处于中段，形成前后烘托。四合院中的所有建筑包括上下厅堂，前庭后院，左右厢房，左右耳房，都围绕着中轴线铺开。在传统思想的指导下，秩序性地表现出整体空间组合，在运用中轴对称原理的同时，也充分地实践了宗法礼制的观念，同时达到了景观的效果，给予人们视觉上稳定平衡的感受。

---

① 陆翔，王其明. 北京四合院. 北京：中国建筑工业出版社，1996：90.

2. 方位

四合院的东西厢房与东西耳房。东西厢房是子孙们的住房，常是三间。以东厢房为尊、西厢房为卑，北京四合院东厢房一般住长子长媳，因此在建筑上东西厢房的高度有着细微的差别，东厢房略高西厢房略低，但由于差别非常细微，因此很难用肉眼看出来。然而在中国华北地区，东厢房夏季西晒，冬季直接受到西北冷风吹袭，所以不宜居住，陕西四合院东厢房多被富户用来存储粮物，或作厨房、马厩。耳房是正房两侧的两间房间，高度低于堂屋，且布局颇似人的双耳，故而被称作耳房。如果院子狭长，厢房也会有耳房，通常是平顶的，因此厢房的耳房被称为盝顶。

3. 朝向

采用坐北朝南的正向手法，堂屋居于坐北朝南的正向，使人一进垂花门就可以正面直对，并且占据视野的主要画面，进而占据人的心理中央尊贵的地位。四合院的正房一般为三间，大四合院的正房可以为五至七间，坐北朝南，是一家之主的居所，其开间和进深尺寸都比厢房大，故体量最大。明清的四合院在形制上都遵守朝廷"庶民庐舍不过三间五架，不许用斗栱，饰彩色"的规定。正房的特点是冬天太阳能够照进屋里，冬暖夏凉。正房的明间（即中间一间）称为堂屋，也称为中堂，三开间的正房堂屋两侧是卧室和书房。通常在明间正中摆放一张八仙桌，桌子两旁设两把椅子，在墙上挂一幅画和两副条幅，或挂四幅中堂画。正房左右接出耳房，由尊者长辈居住。耳房前有小小的角院，十分安静，所以也常用作书房。这种一正房两耳房的布局称作"纱帽翅"。正房前，院子两侧各建厢房，其前沿不超越正房山墙，所以院落宽度适中，空间感觉极好。

4. 围合

"前中后"三层进院，四面围合的布局手法，通过边缘突出中心，使堂屋处于整个院落中央位置，受到四面侧房的烘托和渲染。正式的四合院，一户一宅，平面格局可大可小。房屋主人可以根据土地面积的大小、家中人数的多少来建造，小的可以只有一进，大的可以有三进或四进，还可以建成两个四合院宽带跨院的形式。小者，房间为13间；一院或二院者，房间为25~40间。厢房的后墙为院墙，拐角处再砌砖墙。大四合院从外边用墙包围，墙壁高大，不开窗户，以显示其隐秘性。

最小的一进院，进了街门直接就是院子，以中轴线贯穿，房屋都是单层，由倒座房、正房、厢房围成院落，其中北房为正房，东西两个方向的房屋为厢房，南房门向北开，故称为"倒座房"。院中种植花果树木，以供观赏。

两进四合院分为前院和后院。前院由门楼、倒座房组成，连接前后院的一般为垂花门，一些相对朴素的住宅则用月亮门；后院又叫内宅，由东西厢房、正房、游廊组成。也有的两进四合院，例如北京茅盾故居，并没有垂花门隔出前后院，而是在正房后加后院，建专供女眷居住的后罩房。

完整的四合院为三进院落，第一进院是垂花门之前由倒座房组成的窄院，第二进院由厢房、正房、游廊组成，正房和厢房旁还可加耳房，第三进院为正房后的后罩房，在正房东侧耳房开一道门，连通第二和第三进院。在整个院落中，老人住北房（上房），中间为大客厅（中堂间），长子住东厢，次子住西厢，佣人住倒座房，女儿住后院，互不影响。这其中也反映了"男外女内"的中国传统文化思想。第四进院、第五进院的组合方式较多，通常为"前堂后寝"的形式。第一进院与第三进院相同，第二进院是对外使用的厅房和东西厢房，之后再设一道垂花门，在厅房和这道垂花门之间形成第三进院，垂花门之后为正房和厢房所在的第四进院，是主院。如果后面还有后罩房，就构成了第五进院。还有的在倒座房北侧再建一排南房，而组成四进院或五进院。

北京四合院最大的进深为两个胡同之间的距离，约77米，一些比较奢华的院落甚至还有花园和假山。规格高一些的四合院还设有厕所，这些内设的厕所一般都被安排到西南角。从实用的角度看，厕所建在西南方顺应了西北—东南风向，可防臭味在院内扩散。

综上，从宏观整体的视角来看，四合院内所有的建筑都从属于堂屋，在整齐有序中体现中国传统文化的核心思想——天地之道在人之道的表现，即宗法礼制思想，从而显示出堂屋的高大神圣。从中可以看出古人对纷繁万物进行秩序化梳理之后而形成的礼法等级观念，即"非礼曰：毋不敬。……夫礼者，所以定亲疏，决嫌疑，明是非，别同异，明是非也"。[①]

三、四合院的秩序性与仪式性

（一）四合院布局的秩序性

四合院通常院子比例适中，是户外活动的场所。正房或正厅无论在尺度上、用料上、装修的精致程度上都大于、优于其他房屋。长辈住正房，晚辈住厢房，妇女住内院，来客和男仆住外院；符合中国古代家庭生活中区分尊卑、长幼、内外的礼法要求。堂屋与其他建筑之间是主从关系。布局上运用反衬的手法，从体量、高度、进深、立面的尺寸等方面，在堂屋与其他建筑之间形成对比，使得堂屋与东西厢房、东西耳房、前后院落不同，形成尊卑高下的差异；运用中轴、对称、进院等手法组合四合院的各个建筑，形成堂屋在体量、空间、位置、朝向上与其他房屋的对比，从而突出其当正向阳、堂堂高显的位置，体现其尊贵性和神圣性。

---

① 礼记·曲礼·十三经注疏. 阮元校刻. 北京：中华书局，1982：1230.

（二）四合院使用的仪式性

堂屋空间的使用，其实是以人为中心，以房屋建筑为环境，以举行的仪式庆典活动为形式，以社会群体参与为强迫心理认同的手段，以血缘纽带与文化观念为内容和媒介所进行的人的心理归属感和责任感教育。由此，人格教育、文化观念的建立成为堂文化的核心内容。

首先，仪式和庆典本身具备神圣性、庄严感，同时具有亲情、血缘、乡情的情结，置身这种仪式中，最先得到的是心理归属所带来的安全感和安定感，与此同时将融合家国一体的正统文化观念供养在自己心灵世界，成为家人一生的价值观念和人生导向，恒久不变。其次，在年复一年举行这些庆典时如春节祭祖、中秋拜月、祝寿庆生等，或一生中唯一的一次人生仪式（成人礼、婚礼等）中，这种神圣性和庄严性被不断重复，培养出人的诚敬心、恭敬心、敬畏心，进而培养出和谐社会建立的人伦基础和社会基础。第三，仪式庆典是对文化进行系统化条理化梳理，将文化信息高度凝练和浓缩，再通过仪式进行象征性展示，并利用仪式过程引导人步步深入的过程，从而起到教化人的作用。由是，使举行仪式的堂屋最终具备了神圣性。下面以婚礼拜堂为例进行分析。

民间常把婚礼称为拜堂，仪式中较为固定的是对天地、祖先、夫妻的三拜。"天地者，生之本也；先祖者，类之本也；君师者，治之本也。无天地恶生？无先祖恶出？无君师恶治？三者偏亡，则无安人。故礼，上事天，下事地，尊先祖而隆君师，是礼之三本也。"[①]是这三拜内容的由来。

这里"拜"的真正含义是感谢，即"报恩"，报恩的最好行动就是"归依"——归顺，直至与之融为一体，自己成为所拜的对象。这就是神人合一、物我合一、天人合一，也就引入人格培养的境界，即"道"的层面，通过仪式和庆典庄严肃穆的氛围，将"拜"的含义刻印在参加仪式的人心灵深处，从而起到人格教化的作用。

一拜天地：天地象征宇宙，代表空间，由四合院进而家、国、天地之道。人类生存于天地之间，仰仗于天覆地载，天生地养，即"天地者，生之本也"，天地是我们做任何事得以成功的保证。将这里的天地进一步具体化，那就是国土上的人民大众，每个人的生存都离不开身边或近或远的人的帮助。所以，古人讲报恩的心，报国土的恩情，在每个人结婚的同时，就具有了报答社会、国家的责任与义务了，即"治国、平天下"的意思。拜天地，就是让人们具备天地的品德和心胸，厚德载物。

二拜高堂："高堂"象征了时间，代表血脉的源流、文化的源流，是家

---

① 史记·礼书. 北京：中华书局，1972：1164.

庭的血脉与文化，也是民族的血脉与文化。血缘是我们心理归属的根本，所以"先祖者，类之本也"。在此，父母代表过去，堂屋里端坐的二老是背后墙上祖宗画像的代表，是家庭、民族血缘之源的代表；儿子、儿媳代表现在，表示当下的时间和空间，他们的跪拜一方面是对父母养育之恩的感谢，一方面也是承诺要将这支血脉延续下去，承担起家族、民族的责任与义务；孙子代表未来，儿子儿媳结婚意味着新生命将会诞生，孙辈是象征未来的符号，是家庭、民族的脉流，是家庭生命在时间和空间上的全部意义和价值所在。可见，血缘传承的是文化的源与流，所以拜高堂才有了一种盟誓的意味在其中，是将家族、民族的血缘和文化接过来、传下去所许下的誓言。

夫妻对拜（三拜），象征置身在现在的时间与空间里，人与人应该如何相处（人伦的基础）。对拜就是"礼敬"，礼就是"诚敬心"，"毋不敬"[①]，"君子以谦退为礼"[②]，互敬互爱是社会和谐、家庭和睦的基础。夫妻关系有如陌路之人那么遥远，却又比家里任何人的关系更亲近，没有哪种关系能比得上夫妻之间更亲密。遥远容易产生隔阂，过近容易引发无礼，都会导致夫妻关系紧张。国由家构成，国抽象而家具体，家和睦则国太平，家国一体，由此而天下太平。

---

① 礼记·曲礼·十三经注疏. 阮元校刻. 北京：中华书局，1982：1229.
② 史记·乐书. 北京：中华书局，1972：1175.

第六章 世界城市文化发展及启示

城市脱胎于乡村，但却有着与乡村完全不同的社会形态。它摆脱了宗族社会的束缚，步入公共社会，是与"熟人社会"相对的"陌生人社会"，有着与乡村全然不同的社会规则、社会组织形式、社会运行平台、行为方式和形态构成方式，因此乡村社会的基本原理和构成方式都不能适用于城市社会。这一点早在古希腊的城邦时期就得以显现，那时的城邦有供市民聚集的广场、商店、市政厅和神庙，这些场所是城市的视觉中心和活动集中地。宏大的公共建筑和广场可以为市民提供举行仪式、狂欢、购物和表达自由意志的场所，市民们在这些场所里自由地与他人交往，交换商品、庆祝丰收，对公共决策发表自己的意见，完成"市民精神"的构建。这些公共场所是城市的真正价值所在，它们以敬神的名义统领着人们去追寻崇高、自由、艺术的境界，也时刻提醒人们——人类自身才是真正伟大的。

第一节　欧洲古代城市文化

一、欧洲古代城市文化及其表现

在古希腊雅典的城市中心带上，经过严整的规划，汇集了相当数量的神殿、市民集会广场、音乐演出舞台、演剧场地、体育场所，例如帕特农神庙、雅典娜神庙、宙斯奥林匹亚神庙、水钟广场、伯里克利音乐堂、酒神狄奥尼索斯剧场、欧迈尼敞廊等（图6-1-1~图6-1-5）。这些建筑物都用大理石建造，高大的廊柱支撑起宽敞的空间，通体装饰着美轮美奂的雕塑，到处都是英雄的故事和美丽的女神，充满艺术气息，成为人文教化的永恒教科书。正如G·格洛茨所描述的通过这些建筑物所反映出的雅典城邦的建造意义。

图6-1-1　帕特农神庙（来源：《西方建筑史：从远古到后现代》）

图6-1-2　雅典娜·波丽亚斯神庙（来源：《西方建筑史：从远古到后现代》）

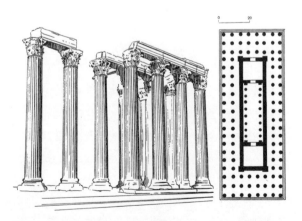

图6-1-3　雅典宙斯奥林匹亚神庙（来源：《建筑风格史》）

图6-1-4 远眺雅典卫城（来源：《西方建筑史：从远古到后现代》）

图6-1-5
居于雅典城市
中心的卫城
（来源：梁斌
摄）

"一块狭小的土地位于山脚之下，一条小溪穿流而过，海湾又将它分割。在几公里的范围内到处是形成边界的小丘。登上卫城，将整片土地一览无遗。这是祖国的神圣土地：家庭以及祖先墓葬的所在地，人们知道每块田地的所有者。山，人们为砍柴而攀登，在此可放牧畜群、采集蜂蜜；牺牲被带往神庙，祭祀队伍向卫城行进。一个城市，即使是最小的城市亥克托尔，也要为之献身。斯巴达人为它在前线牺牲，因而受到尊敬；萨拉米斯的斗士高唱赞歌，准备好强行攻占它；苏格拉底为它饮干了杯中之酒，以便不触犯法律。"[1]

可见，城市不仅是人们生活的家园，更是人们精神的家园，它集中涵盖了人们的政治、经济、文化、艺术等多种需求，成为所有人共同的家；它需要并且必须以神庙、剧场、商店、体育场、广场、音乐厅等大型景观建筑为核心，要有一定数量的公共空间，为人们提供沟通和交流的机会，以便展示个人私生活以外的社会行为。城市空间在历史发展中逐步形成了完整的序列，有敬神的神圣空间，有举办狂欢、庆典和仪式的展示空间，有欣赏艺术

---

[1]（意）L·贝纳沃罗. 世界城市史. 北京：科学出版社，2000：93.

表演的文化空间，也有供市民铺展生活的商业和居住空间，这些空间构成了独具城市意义和节奏的空间形态，以聚拢起市民。这些空间形态所形成的公共场所是城市人共同的家，是超越"私人性的家"和"家族性的家"之上的城市必备场所，是城市的象征，也是城市建筑空间序列的标志物。这里定期会举办活动，以便调节生活节奏，聚拢民气，强化公民意识，释放情感。在这些活动中，公共精神被不断提醒和强化，并最终形成城市的公共精神。

以城市中心广场为例，希腊雅典最早的市民集会广场大约在公元前6世纪开始形成，比如克利斯提尼时期的普尼克斯公民大会会场变成了集会场所，集会广场上建有元老院议事厅。公元前3世纪雅典集会广场上集中了诸如英雄祭坛、泰里奥议事堂、法官席、货币宫、民众法庭等建筑，这些都已成了雅典文化必不可少的组成部分。①

建成于公元86年的罗马纳沃纳广场（图6-1-6）也是城市中心广场的典型代表，刘易斯·芒福德就曾以此广场为例，说明了城市广场的延伸性用途。

"纳沃纳广场的形式是模仿古代罗马的一个跑马场，如今虽然原来的构筑物损毁无遗，但它的开阔空旷仍给人深刻的印象……伯尼尼的教堂和喷泉使广场的生活充满了生气和美好……这个广场是情侣们散步的场所，也是一个市场，同时也是附近儿童的游戏场地，广场两旁的人行道上有许多餐座，一家三代都可以在那儿用餐、聊天。今天，我们生活中的简单功能被专门化了，以致于一个规划师很难敢于把一个游戏场规划得与其他设施混在一起，也不敢把简单的、相同的空间和功能规划在一起，那样显得外行。但是，这种把人类为各种不同目的进行的活动集中在一个地方是古典城市的特点，而这一点至今一直是古典城市最大的贡献之一，原因之一是这样做节省了空间。缺乏这种能适应新环境的富有人性的空间，现在规划师们在转而求助于荒谬的做法：大量浪费空间，规划出巨大的立交桥和高速路等。"②

图6-1-6
罗马纳沃纳广场（来源：王军 摄）

---

① （意）L·贝纳沃罗. 世界城市史. 北京：科学出版社，2000：107.
② （美）刘易斯·芒福德. 城市发展史——起源、演变和前景. 宋俊岭，倪文彦译. 北京：中国建筑工业出版社，2005.

二、欧洲古代城市文化的公共精神

公共精神是社会公共生活的产物，是孕育于公民社会中的基本道德和政治层面的以社会和他人为依归的价值取向，包含民主、平等、自由、秩序、公共利益和责任意识等一系列最基本的价值命题。它要求公民在公共理性指引下，主动认可和遵守公共生活准则，正确理解公共领域的利益关系，积极参与社会公共生活和公共事务管理，自觉维护公共利益，关心社会和他人，不断追求善的境界。它是一种高尚的伦理精神，是公共生活对公民提出的一种最基本、最重要的美德要求。

决定城市公共精神能否构建起来，首要在于拓展公共空间。有了公共空间，就有可能促成公共活动，有了公共活动和社会联系，公共精神、社会信任和道德伦理就可能在互动中生长出来。这一点首先反映在城市的规划布局上。希腊人把城市看作一个整体存在，而不是简单功能的拼凑体，反映在城市规划上，就是在城市内部没有明显的区域封闭，对外则设置坚固城墙，用以抵御外敌入侵，而城市内部却没有用来隔绝区域连接和来往用途的墙体，内部的居民们可以自由出入城市的各个区域。这和中国传统都城特别是以唐长安城、明清北京城这些超级大都城内部严密的"里、坊"形制，并以坊墙相互分割的内部处理方法有着根本的区别。雅典城中建筑的规模不存在原则区别，只有规模差异，神庙等神圣性建筑地位特别突出，形体高大宏伟，位置显赫，均放置于视觉景观的核心地位。而这些核心建筑工整规矩，它们以严格对称的围廊表现出内在统一的规律性，与周边其他不规则布列的建筑在对比中相互协调，而不规则建筑又和自然环境取得协调。这种层次渐变的环境协调法和规划原则，体现了尊重自然景色，特色鲜明的城市构成精神。意大利的L·贝纳沃罗把这种构成原则总结为统一性、内部的开放性、与大自然平衡状态和自觉地控制城市的发展四点。[①]

核心建筑构成了城市"内核"，而城市内核对于一座城市的重要性是不言而喻的，它所具备的凝聚人心、昭示神祇的微妙启示，恰恰体现出文化的巨大力量。正如刘易斯·芒福德在《城市发展史》一书中对雅典精神的实质进行描述时所说："城市的内核，城市最主要活动的中心，城市全部实在的精华，便是卫城；因为卫城首先是城市神祇的家园，自然和历史流传下来的各种神圣职司也都设立在这里。雅典卫城只局限于自身那些高大的建筑物，尤其是伊瑞克提翁神庙（Erechtheum）和帕特农神庙，这种排外性实在太强了；但这些建筑物的美学力量和他们的活动的源泉却在这些建筑物的底下……雅典的成就不只在于它在公共生活和个人私生活之间建立起一种可贵

---

① (意) L·贝纳沃罗. 世界城市史. 北京：科学出版社，2000：96.

的中庸之道,而且随之而来的是,权力从为国王或僭主效忠的那些拿薪俸的官员手中大规模地转移到普通市民手中,市民开始行使职权了。市民不仅应召履行军事义务,贡献他个人的装备,而且还在市民大会和法庭上任职;而且,如果他未成为某种体育活动中的竞赛者,未参加戏台上的演出或合唱队中的合唱,那么他必定至少在全雅典的大型仪仗队中占有席位。"①

此外,刘易斯·芒福德还特别描述过雅典的"城邦精神",即"人类精神通过社会机体得以充分表现,社会机体则变成了一片人性化了的景色,或者叫一座城市"。就是说,人们通过有效的机制,在具体的城市建设实践中,既完善了自己的精神,也完善了城市本身。他就此总结道:"市民认为,城市所拥有的一切,都是他自己与生俱来的权力;市民之间,正像朋友之间那样,绝不存在什么秘密的事情,不存在职业上的隔阂,也不存在不平等的可能性……他们只是重新获得了他们在乡村文化中曾经享有的地位,在这种地位上他们首先是一个人,具有人类的一切特征,而且可以向生活的每一个方面自由发展。这至少是一种理想。"这段话基本体现了城市发展的基本意义和方式。芒福德更有深意的话在其后:"而且,我们至今所赖以恰当地衡量希腊城邦的,正是它形成这种理想的能力,而不是它未能实现这种理想之处。"②简言之,城市建设最需要努力造就和培育的,正是这种民众参与和对家园负责的能力,而不是挑剔地找寻别人所在城市的不足,或者简单地——比照别人所在城市的样子,去照样描画自己的城市。每个人需要关注的是在城市发展的进程中,如何创造属于自己的城市成果。

其次,市民构成方式和城市组织形式也是构建城市公共精神的重要基础。城市可以吸引、聚拢起大量的工匠、艺人、教师、商人、圣徒、军人、官吏以及各式各样的文化人,他们在城市里寻找着发挥自身特点和才华的机会和处所,并选择城市作为永久生存地,而不再是乡村"熟人"社会的一员。他们必须熟悉城市的运行规则和组织原则,在公共性平台上与他人交往,与行业组织发生固定的利益联系,生活在超越家族式聚落的公共社区里,学会通过选举方式选择责任人和代言人,最终组成管理城市的梯级机构和政府。

---

① (美)刘易斯·芒福德. 城市发展史——起源、演变和前景. 宋俊岭,倪文彦译. 北京:中国建筑工业出版社,2005:172-179.
② (美)刘易斯·芒福德. 城市发展史——起源、演变和前景. 宋俊岭,倪文彦译. 北京:中国建筑工业出版社,2005:171.

第二节　现代城市理念的形成及其应用

一、现代城市理念的形成

工业革命促成了现代城市的形成。18世纪和19世纪发生在欧洲的工业革命以及与之相关的农业革命，不仅改变了劳动的性质，而且改变了社会的组织形式、性别关系与血缘关系，以及人类居住区的主导模式。特别是由于潜在的产业工人从农村向新兴制造业资产阶级开设了很多工厂的城市大规模移民，乡村与城市的格局及其相互之间的关系也遭到完全颠覆。这一时期人口状况变化的幅度之大已经被研究证明：英国在19世纪初只有15个城镇人口超过2万，但是到了19世纪末已达185个。据估计，欧洲在1800年时只有2.2%的人口居住在拥有超过10万人的城市里——然而，在今天，欧洲这一地理政治区域已经高度城市化和工业化。[1]

现代城市的规划思想也经历了多次改变和意义转换，在第二次世界大战结束后，基本形成了相对比较成熟的城市学理论，在研究方法和指导思想上都有了很大进步。例如，在研究方法上运用了从分解到综合的系统规划思想，体现为对城市复杂性的认识逐步加深，更注意以系统论方法把握城市发展规律，注重运用系统论思想对城市规划进行深入认识，并运用系统论方法和数学方法分析、模拟城市运行模型，对城市发展的可能性做出比较科学的前瞻和预测。[2]

第一，在城市空间形态上，不仅城市空间布局发生了很大变化，而且其结构内涵也正趋向于更加优化。战后欧洲和美洲国家城市规模膨胀速度很快，大城市以及超大城市不断形成，随之而来的是"城市病"不断加剧，如交通堵塞、环境质量下降、就业困难、公共卫生状况恶化，等等。关于大城市空间模式的看法，也从战前主张紧凑型城市和城市功能分散两种理论的激烈争论，转变为日益趋向于对"适度分散"或"有机疏散"思想的认同。大伦敦的同心圆疏散方式和大巴黎的带状城市疏散方式，都是对有机疏散理论的具体实践。不过伦敦的同心圆（呈现为圈层状

---

[1]（澳）德波拉·史蒂文森. 城市与城市文化. 李东航译. 北京：北京大学出版社, 2015: 16-17.
[2] 张京祥. 西方城市规划思想史纲. 南京：东南大学出版社, 2005: 150-153.

态）方式效果有局限性，疏散效果并未达到预期状态，按照卫星城方式设置的新城镇功能不全，城市基础设施投入过大，交通通勤距离过大，所以卫星城的吸引力不够。此后，伦敦也对这些问题作了修正。比较而言，巴黎的带状疏散模式效果就好得多。大量巴黎人口沿着重新分布的生产地带迁移，大大疏解了巴黎的人口压力，也平衡了全国的经济分布格局，减少了社会矛盾的滋生点，很好地实践了有机疏散理论。

第二，为应对城市环境生态质量恶化，城市生态环境科学思想应运而生。希腊建筑师C·A·杜克塞迪斯在1958年提出了人类聚居学的理论。这一理论认为人类聚居由五个基本要素组成：自然界、人、社会、建筑物以及联系网络，人类聚居学研究上述五项要素以及它们之间的相互关系。杜克塞迪斯按规模大小把人类聚居分成15级层次单位：个人、居室、住宅、住宅组团、小型邻里、邻里、集镇、城市、大城市、大都会、城市组团、大城市群区、城市地区、城市洲、全球城市。这15级单位上下互相联系构成人类聚居系统，要想解决各层次中的问题，必须对整个系统进行研究。迄今为止，人类聚居学的研究内容主要有三个方面：（1）对人类聚居进行描述性的剖析：分析聚居的基本特点、聚居之间的相互关系、聚居的演化过程、聚居中各种问题产生的原因。（2）对人类聚居基本规律的研究：研究人类在生活居住方面的需要、聚居的成因、聚居的结构、形式和密度，以及对未来城市的影响和预测。（3）研究制定人类聚居建设的计划、方针、政策和工作步骤。荷兰城市规划者于1959年提出了整体主义和整体设计思想，主要是将城市作为一个整体环境，从全面意义上分析人类生活的环境问题。在这些理论的驱动下，关于城市环境问题的理论整合成了环境社会学、环境心理学、社会生态学等学科，这些学科的理论思想对城市规划影响很大，促进了对城市历史、文化和整体环境的保护。大批保护文物古迹和生态环境法规的制定对欧洲城市文化保护起到了很好的作用，历史环境保护也从对单体建筑物和单个建筑群的保护，转向对历史环境的整体保护。在欧洲很多古城都是采取成片、整体保护，细节方面则细致到水井、磨坊、建筑物的颜色和装饰花纹样式等，都被列入保护范围。①

第三，第二次世界大战后，城市建设的总体思路突出了两个重点，一是更注重从整体上规划设计一座城市，而不是只考虑某一个建筑的样式外观；二是把人性化设计置于核心地位，城市开放空间日益成为城市建设的重点。在当代城市设计者和经营者眼中，大到高楼大厦、坦途通衢，小到一只果皮箱、一张路椅，都是整体中的一个组成部分，都必须遵循"亲人性"的原则。这种亲人性的设计已经历了实践验证，不断地合理化和精细化，各类人群都可以方便地生活在其中，每个人都可以找到自己的尊严，体验到方便，从而

---

① 张京祥．西方城市规划思想史纲．南京：东南大学出版社，2005：150-153．

使得他们对社会的心态保持着应有的健康度,激发出自身的社会责任感。

最后,在对待城市文化遗产的问题上,城市建设者们选择了尊重文化传统、延续文化脉络的做法。他们有意识地对城市的基本形态以恢复旧貌为主,对缺乏文化内涵的所谓"创新"却相当谨慎,即使要创新,也严格限定在远离传统城市形态区域以外,比如巴黎的德方斯地区。针对随时可能出现的破坏传统风貌的危险,欧洲国家力图通过法律的制约作用,将传统建筑文化合法保护下来。例如,丹麦在1962~1970年间制定了一系列法令,保护了20个以上的城市和约3000座传统建筑,包括教堂、民居、水磨坊、风磨坊等;法国规定古建筑半径500米范围内为保护区,1962年下令修复、重建了约5300座建筑物,随后巴黎将18、19世纪城墙内的大片区域整体列为保护区,一点也动不得。同样,德国的纽伦堡、雷艮斯堡,意大利的佛罗伦萨、西耶那,捷克的布拉格,伊朗的伊斯法罕,俄罗斯的撒马尔罕等城市也采取了成片保护旧城区的方法,而意大利的威尼斯,美国的维廉斯堡则把整个城市保护下来。1975年联合国还专门设立"欧洲文物建筑年",主题就是怎样更好地保护传统建筑,保护欧洲的文化精神和文化特色。这些措施,在战后的大规模重建中起到了文化示范作用,有效地保护了大批具有文化价值的宗教建筑、公共建筑物、其他古迹、各种历史风格的城镇建筑和乡土建筑。①

二、现代城市理念的应用

(一)融合、重组、调整,达到最佳——伦敦

伦敦是大不列颠及北爱尔兰联合王国的首都,位于英格兰东南部平原上。公元前43年,这里就已经有了早期的伦敦城雏形,最早是罗马人修建的军事要塞,他们当初修建的城墙,围合成了今天伦敦城的核心区域,即老伦敦城。伦敦的地理位置优越,有便利的交通条件,公元7世纪已经成为英国的政治中心,11世纪成为英国最繁荣的经济商业中心。16世纪工业革命更为伦敦的发展注入了巨大的活力,也为城市发展造就了巨大的发展空间,工业加工产业迅速发展,也带动了对外贸易的发展。伦敦一度曾是英国最大的贸易中心,货物贸易量占全国贸易量的80%以上,同时,伦敦还成为世界金融中心城市,到今天这一地位也没有动摇,整个欧洲区域和全世界(在东京和纽约时差空间以外的范围内)主要的金融活动都依靠伦敦在运转。这些进展使伦敦的城市地位迅速上升,也使伦敦的城市规模迅速扩展,成为真正的大城市。1950年伦敦人口达到了820万,成为当时世界上第一座巨型城市。

伦敦的建筑多是在1666年伦敦城大火之后重建的,其行政区划分为伦

---

① 梅尘国. 土文物建筑保护点滴. 世界建筑,1980(1).

城和32个市区，即核心区（City of London）、内伦敦（12个市区）、外伦敦（20个市区），共同构成"大伦敦市"（Greater London），总占地面积1580平方公里，市区（大都会区）现有人口890万（2017年数字）。1984年大伦敦市议会被政府废除，各自治市没有了上级地方政府，高级职能权力分解到各个自治市，此后伦敦撤销大伦敦委员会，成为世界上唯一没有统一市政府的城市。伦敦城是各行政区中最小的一个，占地仅1.6平方公里，但却集中了城市的精华，它有自己的政府、市长和警察部队，不受大伦敦市议会管辖，常住居民仅1万人，但白天在此工作的人数多达50万，是典型的工作之城。这里集中了500余家银行，800多家保险公司，有著名的伦敦城股票交易所，世界上最主要的黄金交易市场也设在这里，是世界上最大的金融和贸易中心之一。

伦敦也是世界文化名城，大英博物馆（图6-2-1）是世界文物最重要的中心之一，拥有大量英国和世界上著名的历史文物。伦敦拥有众多科学博物馆、国家画廊、大学和科研机构、国际组织总部，是很多有世界影响的大众传媒机构所在地，著名的《泰晤士报》、英国广播公司（图6-2-2）都设在伦敦。伦敦是英国的旅游中心，许多文物古迹闻名遐迩，伦敦塔桥、国家议会、白金汉宫、圣詹姆斯公园、海德公园、千禧摩天轮（伦敦眼）、千年穹顶（图6-2-3～图6-2-5），以及著名的商业街区，每年都可以吸引1000万人次以上的国外游客。伦敦还是著名的世界艺术中心，这里的音乐厅、剧场、影院甚至街头都常年上演着大量的歌舞剧、话剧、芭蕾舞、交响乐、电影和活报剧等。

伦敦交通设施十分完善和发达，市内有超过414公里的地下铁道，9条线路四通八达，有希斯罗和盖茨维克两座大型国际机场通往外部世界。20世纪90年代以后，伦敦在"创意英国"的文化战略作用下，基本完成了城市发展模式的转型，制造业进一步萎缩，而第三产业获得了巨大发展，目前伦敦第三产业就业人口比重已经超过了80%，彻底实现了城市功能的全面转换。伦敦的电子工业发展迅速，每年的增长率超过38%。另外，伦敦根据城市新的发展定位，努力建设清洁型产业，限制私家汽车使用，对进入城市核心区

图6-2-1 伦敦大英博物馆（大不列颠博物馆）
（来源：黄磊 摄）

图6-2-2 英国广播公司（来源：周浩 绘）

图6-2-3 伦敦塔桥（来源：黄磊 摄）

图6-2-4 白金汉宫（来源：黄磊 摄）

图6-2-5
伦敦千年穹顶
（来源：徐智祥绘）

的私家汽车收取较高的停车费，严格限定汽车尾气排放标准，加大对现存工厂、电站有害气体排放的治理力度，增加城市绿地面积，目前全市绿地面积占全伦敦面积的28.7%，是世界上绿地面积比重最高的城市之一。

伦敦例证，说明现代城市的转型是一个长期和有序的过程，在这一过程中，城市的基本功能、城市形态、空间结构、社会权力分配、制度规则都是需要不断做出调整的。最有效的城市运行和管理方式，往往要经历很多次的融合、重组，才能最终建构完成。

（二）文化元素经营城市——威尼斯

所谓"经营"，常常被曲解为简单化的营销行为，如出卖土地获取短期收益等。如果仅仅用"经营城市"来概括城市的构建，就未免过于草率和简单了。而如何在经营、营销的背景下，填充进丰富的文化内容，才是构建城市并使城市实现可持续发展的应有之义。

从城市发展角度讲，经营城市永远都会是新问题。简单型的经营城市，就是以城市的一次性资源吸引投资，在土地收益、原有资源开发上作利益让渡。这样的城市经营法，短期内会收到一定效益，但归结到底又很难有延伸拓展和持续效应。而最好的城市经营法，则是以文化为动力源泉和核心，同时以文化的方式将城市特色和历史文脉，作为铺展现代城市生活的基本底色，努力突出城市本身以及生活在其中的人们的文化历史个性，把"这一个"城市文化中的唯一性、地域性、历史性以及文化独创性等特性运用好，作为经营城市的关键点和发力点。

意大利旅游名城威尼斯正是本着以文化为核心的理念进行经营的城市。威尼斯是世界历史文化名城，整体作为人类文化与自然遗产项目，被列入"世界文化遗产"名录。在突出文化个性方面，威尼斯抓住了五个自身独有的核心文化元素，通过制定和有效实施城市管理和管治法规，充分发掘了这些核心文化元素的意义和价值，从而较好地凸显了"这一个"城市的特色。

一为重现"往日辉煌"。威尼斯有过辉煌强盛的历史。从14世纪起，威尼斯就成为相对独立而强大的海上共和国，它曾是亚得里亚海滨最为重要的港口城市及商业中心，其航海通商线路远达中东和非洲。这里曾满目繁华，来自远方的珠宝、绘画、丝绸、香料、地毯、瓷器、咖啡在这里汇集，十字军也是从这里出征的。今天的威尼斯，非常注重刻意渲染这种往昔的辉煌，竭力铺陈其历史繁盛之时的妆容。一切当年的奢华景观和建筑，以及"历史"氛围，都为吸引全世界的游客而完整保留并强化了。昔日的总督府（图6-2-6）陈设依旧，披金沥彩的雕梁画栋随处可见；总督和"十人团"议事用的阔大厅堂依然灿若昨日；从东方掠夺来的兵器诉说着十字军的骄傲。虽然历史旧事和纯粹的威尼斯人都早已远去，但从世界各地涌来的各色人等，又填补了空白，并将往日的辉煌强化到了新的程度。这是一种模拟的历史盛景，但同样可以成为重要的核心文化要素，吸引着游客趋之若鹜。只是游客们没有注意到，他们自己其实也是参与营造这一盛况的元素。

二为保护好"独特场景"及文化活动。威尼斯的水上城市景观，在世界上独一无二。从环境、文脉、建筑、细节等一切方面，威尼斯对这一独特景观实施了整体性保护。那些矗立水边的昔日豪华宫殿，400余座奇幻般的桥梁，开阔的海湾、大运河，加上蜿蜒无尽的水巷，以及"水上巴士"和满载浪漫情调的贡多拉船（图6-2-7），构成了独特而唯一的威尼斯场景，不走样地传递着威尼斯独有的丰厚文化信息。我们在仔细体味这一核心元素时

图6-2-6
威尼斯总督府（来源：王军 摄）

图6-2-7　威尼斯贡多拉船（来源：王军 摄）

图6-2-8　威尼斯面具艺术（来源：王军 摄）

发现，它的文化魅力和持续效力的确能够历久弥新。对这一切场景，人们既熟悉又陌生，熟悉的是那种景观早在介绍中见过了，陌生的是身临其境之感依然让人兴奋莫名。此外，威尼斯还留存有完好的文化活动，每年2月的狂欢节，是威尼斯一个重要的文化品牌。在此期间，人们会身着华丽古装，戴上怪异夸张的面具，以热烈的气氛，迎接温暖春天的到来（图6-2-8）。享誉世界的威尼斯双年展，则是全世界艺术家们的盛大节日，所有期待张扬个性的艺术家们，无不以能在威尼斯展示自己为荣。威尼斯将城市的建筑、环境、肌理、色彩、质感等硬核元素，与历史文脉、习俗、人文、艺术、传统及现代展示等软性元素相结合，交织在威尼斯的独有场景中，成为人类经营城市的典范之作。

三为呵护"浪漫氛围"。威尼斯是浪漫的典范，但这种浪漫有别于其他城市，那是一种依托历史和水景的、慢节奏的、带有对往昔依稀怀恋的情致，对进入全球性竞争略带不屑的、骄傲中的浪漫。威尼斯人很把自己的浪漫当回事，他们利用一切场合和机会，充分展示着所有可能的浪漫想象。圣马可广场的咖啡座都有小型乐队伴奏，有穿着高雅的男性侍者以优雅姿态托着昂贵饮料和点心，穿行在阳光和座位间，在手风琴和小提琴声的回旋婉转

图6-2-9　威尼斯圣马可广场（来源：朱瑾 摄）

中，把威尼斯特有的浪漫气息传递给人们（图6-2-9）。在贡多拉船上，或船家，或客家，或不知什么人，在荡漾间时常会引吭高歌，那歌声一定会让人入耳不忘。而在夜晚，在早晨，如果有机会在教堂、在水边独坐体会，听教堂里曼妙的晚祷乐声，听波浪拍岸的律动潮歌，那种有别于热闹繁盛的威尼斯，则更能传达出浪漫的内在旨趣。

四为展示"艺术杰作"。威尼斯也许不如佛罗伦萨和罗马那样在艺术上轰轰烈烈，有系统的艺术收藏，成为文艺复兴的核心。但"威尼斯画派"所创造的辉煌，也足够我们去细细鉴赏了。威尼斯画派由乔凡尼·贝尔尼尼奠基，并拥有乔尔乔内、提香和卡尔帕乔、卡列拉等艺术巨匠，形成了与佛罗伦萨画派分庭抗礼的格局。大运河畔的学院美术馆里收藏了几乎整个"威尼斯画派"的代表作。在学院美术馆（图6-2-10），参观者仿佛在看一部与艺术家直接对话的美术史，那种美妙、充裕感、质感，令人陶醉。除此之外，威尼斯还有多座收藏不同时期古典艺术品的博物馆，馆中都有大量艺术品收藏，例如古根海姆博物馆（分馆）就有许多先锋派、现代派和超现实主义的艺术品收藏，如此丰厚的艺术品收藏和展示，是完全可以和罗马、佛罗伦萨相媲美的。被称作"威尼斯坐标"的圣马可教堂，混合着西方艺术和中东文化的风格，它是经过数百年持续不断地装饰打扮，才成了今天的模样。它被无数的镶嵌画、雕刻、黄金艺术布满周身，多个精美繁复的塔顶尖，构成了充满神秘气息的天际轮廓线；其内部空间被马赛克、大理石石柱、石雕和彩色镶嵌饰品打扮得美轮美奂。教堂的穹顶内壁是13世纪威尼斯画家画的巨幅作品"耶稣升天图"，画工精细巧妙，其主祭坛前的8根石柱上，是画于14世纪的圣母和圣马可像。教堂华丽的镶嵌地板也一样闻名于世。教堂旁时钟塔楼上的大钟上，雕饰着极为精美的十二星座形象（图6-2-11）。

五为褒奖"手工劳动"。保护和鼓励一个地方特有的手工劳动制品，是应对工业化时代规模化和规格化产品横行的有效方式，也是识别一个地方文化保护好坏的重要标识。威尼斯在以文化经营城市的各个环节中，手工艺制品居于重要地位。威尼斯有很多独具特色的手工艺制品闻名遐迩，如玻璃制品、料器、抽纱、补花、面具、陶瓷器皿及陶瓷艺术品等。以玻璃制品

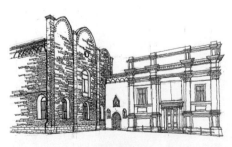

图6-2-10 威尼斯学院美术馆（来源：徐智祥 绘）

图6-2-11 威尼斯十二星座钟（来源：王军 绘）

图6-2-12 威尼斯匠人制作玻璃制品（来源：朱瑾 摄）

图6-2-13 威尼斯精美的玻璃工艺品（来源：王军 摄）

和面具为代表，面具是威尼斯的特产，每年2月的狂欢节上，人们都会戴上面具参与活动，面具的神秘气息和繁复花样都会给人留下深刻印象。而玻璃制品和料器，则是威尼斯的突出品牌，这里集中了大批出色的玻璃、料器匠人，他们技艺精湛，观赏其劳动过程也是旅游项目（图6-2-12），而花样繁多的玻璃制品则琳琅满目（图6-2-13）。威尼斯还很注意对玻璃和料器制品的创新发展。在威尼斯，人们不仅可以看到传统特色的玻璃器皿，还能见到工匠家们独创的玻璃艺术品。

（三）"以人为本"发展城市——哥本哈根

在大多数东方人眼里，丹麦是个非常遥远的国度，能记得的或许只有安徒生和美人鱼的故事以及那座海边的雕像，对其首都哥本哈根就更陌生了。然而在欧洲，哥本哈根却以特色鲜明的人性化城市风格而闻名，它的城市中心复兴已成为样板，1996年曾被授予欧洲"文化首都"称号。

哥本哈根是欧洲较早实施"以人为本"的更新理念（严格地说是城市中心区的"还原"工程）的城市。20世纪60年代，战后欧洲的城市重建已经完成，生产的快速发展大大提升了人们的富裕程度，私家汽车成了城市"繁荣的标志"，哥本哈根亦不例外。它那些传统样式的大街小巷，也从早到晚被车流塞满，人们在享受汽车社会便利的同时，也在承受着汽车给人带来的苦恼——汽车正在把城市切割开，分割人在其中的活动空间。人们开始朦胧地意识到，是研究如何更好地使用和善待城市这一问题的时候了——是坚持既有的"繁荣"格式，还是用什么别的方式促使人们亲近城市。在没有明确目标的前提下，哥本哈根市政府打算先尝试着恢复一条步行街，暂时化解一下人车矛盾，但反对意见甚多，政府是在大量的争论和非议声中开始改造旧街的。1962年市中心最拥堵的斯特勒格街改造完成。很快，人们便享受到了行动自如的愉快：原来属于汽车的领地，现在又被晒太阳、品咖啡、聊大天的人们拥有了，没有了汽车带给人的紧张感和压迫感，节奏舒缓了，噪声变少了。

这一范例的成功,平息了各种非议之声,坚定了哥本哈根市政府的决心,人们更多地讨论起这样的改造如何能够做得再好些,再多些。从那以后,步行街或者是步行优先街改造竟持续了近40年,用哥市改造者的话说,是"一贯奉行以减少城市中心的效能,改善使用者的环境为目的的政策"。到1996年,哥本哈根已完成了市中心区主要街道和广场的步行区域建设,步行街道总长3.66公里,有约96000平方米面积被辟出用于人们活动。人们远离了机器的纷扰,获得了轻松和快乐,丹麦皇家艺术学院扬·盖尔和拉尔斯·吉姆教授概括为"一个一度以汽车为主的城市中心,在这个过程中变得更漂亮、更少污染和更少噪声。这种更亲切的新型市中心表达出了一种良好的开放性,城市现在被更多的人以新的方式使用着"。这正是他们改造旧街的整体思路和实际结果。也正是这种结果引导了人们交通观念和方式的根本转变,以至形成了今天全欧洲的公共交通优先和提倡步行、骑自行车等出行方式的全新交通格局,进而又反过来肯定和促进了城市人性化空间的更多出现。

很多人把挤满城市的"汽车社会"简单理解为"以人为本",以为这就是人类的巨大进步,是证明城市繁荣的最好标识,因为它可以便利交通,拉动经济,促进就业,甚至可以从根本上改变城市的面貌,改变整个社会的心理和状态。街道上塞满汽车,确实从一个侧面证明了城市的活力和"繁荣",但同时也证明了城市规划和管理上还存在着很多问题。"以人为本"的内容涉及思想、观念、行为和实践的多个层面、多个领域,还远不是只有人车矛盾这么简单,但仅从城市交通方式的选择与处理人车矛盾这类具体问题探究,就可能要深入城市功能定位、功能构成的合理性,以及区域布局、街道规划、交通管理的方式、效率等诸多问题,运行起来会形成连环套式的系统工程。这实际是一个基本理念问题,是人怎样才能成为城市真正的主人,怎样把城市还给人的问题。现代城市规划理念和管理实践证明,在协调人车矛盾这一难点上,人们已经能够做到在保证城市高效运转的前提下,既能满足人们的出行需求,又能为人的体能行为(如步行、人际交往、露天表演和简单的街头运动等)留出适度空间,创造适宜的尺度和环境氛围,让人可以有时间和空间忘掉喧嚣、忘掉忙碌,不再拥挤和与机器争斗,有放松和休息的地方,能够自由地参与公共活动,形成合理的工作和生活节奏。这对于一座城市的健康发展以及提升市民的生活质量,是非常重要的。

扬·盖尔和拉尔斯·吉姆松教授在总结哥本哈根的经验时说:"城市中心仍保持着中世纪的街道格局,有着宜人尺度的古都建筑仍占主导地位。在欧洲乃至全世界的许多大城市,市中心已经由于大规模的重建、战争的破坏和交通调整而被极大地改变了。"他们始终对哥本哈根经验有种"幸运"的自豪感,而他们对世界的整体状况却并不乐观:"然而,在世界其他地方的市中心正在逐年恶化——更大的噪声、更拥挤的交通使人望而却步,感到不舒服。而哥本哈根走的是一条不同的路。随着条件的年年改善，城市中心更多地被人使用，让人赏心悦目。"他们所感到幸运的，是文化在延续，生活内容没有因为技术的简单替代而日益苍白贫乏，而是更加丰富多彩了。而这正是对"以人为本"理念的深化和拓展，并且他们没有简单地图解理念，以人为本不等于只建造些人性化城市空间，人性化城市空间也不仅仅就是修些步行街和广场，对此他们非常清醒。

更好的城市规划和管理，就是要体现出合理、适度的城市发展原则。哥本哈根的成功，在于城市的面貌被完整保留，而城市的功能却发生了根本变化，这是"有机更新"城市发展观的一次最好的实践。哥本哈根40年建造步行街的历程，有一条逐渐清晰起来的发展脉络，即"步行或步行优先原则"被认为是完善城市功能的一个关键点，也是城市更新的一条重要途径。自1962年后，哥本哈根的城市改造基本分成两个阶段，首先是改造街道、改变线形的交通走向，让一些街道实现人车分流，并把人的活动和商业行为以线串联，直到形成步行网络；然后再做"点"和"面"的改造，在步行街道网络的"节点"上改造一批城市广场，使城市人群活动更有纵深空间，内容更丰富。这些努力的结果，比预想的还要好，最终形成了一个适合人们开展日常活动的步行网络格局，尺度宜人而且亲切，构成内容丰富多样，"让人流连忘返"。在这个中心区网络中，可以"一街一广场"为代表。

"一街"是斯特勒格街（图6-2-14），改造于1962年。此街宽仅11米，曾是繁忙的机动车单行线。改造之初，反对声音比较强烈；但改造后的斯特勒格街却赢得了大家的赞誉，那里不再允许汽车穿行，人们可以轻松地走来走去、购物休闲，或随意坐下喝咖啡晒太阳，街上恢复了安静又充满生气，没了汽车却更显繁荣。它成了连接市中心区东西走向的重要枢纽，商业气氛浓厚，优雅而不失热闹。在寒冷的冬日里，每天也可以保持25000人的流量；而在气候最好的夏季，日客流量可达55000人，达到了可容流量的饱和点，说明人们非常喜欢这条改造后的街道。而且，随着更多的其他与之相连街道的逐步改造，步行街的优势就愈加凸显。

"一广场"是老市政厅广场（图6-2-15）。广场是城市的"节点"，作

图6-2-14 哥本哈根斯特勒格街
（来源：周浩 绘）

图6-2-15 哥本哈根市政厅广场（来源：王军 摄）

为街道的延伸，其作用要更大。哥本哈根先是做了几个与街道改造大致同步的小广场改造实验，如1962年的加梅尔广场，是边改造边完善。而1996年完成的市政广场改造，则是在有了丰富经验后实施的，也是为了开展欧洲"文化首都"庆典活动而改建的。这个广场面积达27000平方米，最早建成于1905年，一直以活动多样，内容多姿多彩而著名。第二次世界大战以后，这里逐渐成为交通换乘中心和大型停车场，并经常举行抗议、游行和集会等活动，错综复杂的交通干线将广场切成两半，于是它被称作交通中转机器和城市心脏。改造前的广场空间零乱破碎，线路穿插，四周密布"乱糟糟的货摊、凉亭和植物"，人的步行变得"很糟糕"。改造时，广场做了全新的规划，横穿的交通干道被取消了，公共汽车站被移到广场一角，隐蔽在一个长方形的黑色玻璃亭子里，视野开敞明亮，人们不再为走向哪里而困惑，步行和停留都变成了快乐的事情，广场又还给了人们。

哥本哈根没有停下脚步，还在做新的规划。规划者们认为，公共生活还会发生更深刻的变化，会生长出更多样化的、社交性与休闲性完美融合的城市生活。城市的公共空间不仅要建立在以商业活动为主的中心区，更要深入居住社区，使社区也有高质量的公共空间。下一步要建设一批次要广场，而不是再盲目建设新的步行街，同时要把最初的宏观规划进一步完善细化，力求更加科学合理。例如，规划者要深入研究该设置多少个露天咖啡座更合适；怎样用天然结实的材料取代混凝土材料；为座椅有选择地安装加热设施；如何适度安置大屏幕放映电影和展示艺术品；加强夜间照明；还要深入探究在高纬度地区的冬季怎样吸引人们多做户外活动，等等。这一切，都是围绕"以人为本"的思路展开的，是想更自然地让人们有走到市中心的理由。

哥本哈根的一番作为，当然与我国的现状存在着发展程度上的差别，但理论应该是共通的。对于城市化进程刚刚起步的中国，城市管理者和规划师们应该多想想怎样建设宜居城市，营造美好氛围，不重形式而重理念，深刻理解以人为本不是为了说给人看的，而是要为每天都生活在其中的人服务的，才会有好的作为。基于此，哥本哈根的实践当是一个范例。[①]

（四）文化自信建设城市——巴黎

巴黎被认为是将保护文化遗产和实现创新较好统一的城市，它的成功，完全是建立文化自信的结果。人们对巴黎的观感可以说大相径庭，有人说它很传统，也有人说它相当现代。说它传统的人，其观察点是在香榭丽舍大街、卢浮宫这类景观上（图6-2-16、图6-2-17），是在以1845年建起的巴黎城墙为界的

[①] （丹麦）扬·盖尔，拉尔斯·吉姆松. 公共空间·公共生活. 汤羽扬，等译. 北京：中国建筑工业出版社，2003.

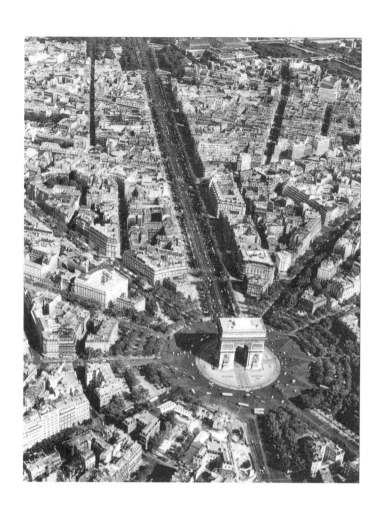

图6-2-16 巴黎香榭丽舍大街(来源:《建筑的涵意:在电脑时代认识建筑》)

图6-2-17 卢浮宫(来源:王军 摄)

旧城圈内,即巴黎市划定的"中世纪城市博物馆"区域,人们在那里感受到的是"记忆场所"的历史厚重感;说巴黎现代的,则是注意了高楼林立的德方斯区,或者是形态、色彩都很夸张的伯比尼居住小区,或者是样子古怪的蓬皮杜艺术与文化中心,或者是玻璃盒子式的新国家图书馆之类的建筑,这又是一个时尚的、充满创新意识的另类巴黎。尽管感受迥异,人们却都不约而同地承认巴黎是一个极具魅力的城市，而这种魅力正是源于文化的自信。

考察巴黎城建史，我们发现它也曾有过一些"尴尬年代"，当年关于巴黎的发展思路，因为大有歧义而争论不休，甚至对城市发展产生过重大影响。在拿破仑帝政时代（1804～1815年）那个"夸耀的时期"，拿破仑极力想把整个巴黎建成一个纪念他和他为之自豪的法兰西军队的功德碑，他要推倒一切妨碍实施"宏伟构想"的旧建筑，他要拓宽马路，造大林荫路，还要修大广场，建大纪念碑，而对城市卫生和安全之类的东西，他基本不感兴趣。他说巴黎"不仅过去是最美的城市，现在也是，而且将来还要是最美的城市"，其核心就是"美"。当然这种"最美"没有按照他的设想全部实施，只建起了大、小凯旋门等少数建筑，不然的话，今天的巴黎也许要多出许多"宏伟"的建筑景观，少一些迷人、亲切的市民社会气息。

巴黎当初遇到的最大问题，和今天北京、上海等中国城市所遇到的一样，即如何承受人口激增的压力。任何优雅的城市空间和高密度人口都是不兼容的，即使曾经属于"高尚"住宅区的地方，往往会因为人口的激增而衰落，变成垃圾遍地、污水横流、传染病极易传播的可怕地方。巴黎的情况也许没这么严重，但自1859年以后，巴黎就没有进行过完整的大规模城市居住区的规划和建设实施。历史上巴黎塞纳河右岸的玛海地区，曾是富人居住的高级府邸区，但随着人口的涌入，基础设施难以承受巨大的压力，又不能适时更新，很快那里就衰落了。旧日的高尚院落演变成了大杂院、贫民窟，直到20世纪70年代，那里充斥着约7000家杂乱的小店铺，还有约30%的居所没有自来水，10%的家庭不通电，60%的家庭没有独立卫生间，人口居住密度高达85%。为了应对这一难堪的局面，巴黎做过努力，但由于历史原因，关于城市风貌如何定位的问题一直是人们争论的焦点，是保护城市的传统风貌，还是推倒重来，人们产生了犹疑，难以决断。然而想法可以犹疑，城市人口却不会不增加，城市仍在扩展，许多平庸、简陋的住宅楼就此趁机走进了这个美丽的城市

巴黎人终于在付出了文化缺失的代价后，重新走向了清醒。在1932～1935年间，第一个大巴黎区整顿规划出台，规划提出要修建232公里的城市环路，整个巴黎地区要分成几个区域实施建设，特别是突出了"保持城市特点的地区"这个核心问题。这个规划对于缓解巴黎市中心的压力，进而给整个城市的良性发展提供有力保障是有积极意义的。但后来因为第二次世界大战的影响，这个规划没能完好地实施。

战后，巴黎面临的最紧迫问题是为失去住所的人们提供遮风避雨的房屋。短短十年间，巴黎在郊区建造了占地1万公顷的住宅区，几乎和市区面积相等。由于建造仓促，设备简陋，因而居住条件较差。1958年以后，这样的建造还在延续，而且速度和规模都更快更大，以便尽可能多地容纳住

户。这些简易住宅消耗了近郊区宝贵的土地资源，改建余地也很小，很快就成了巴黎发展的障碍。

这种状态没有延续太久。1961年和1968年，巴黎规划部门在结合历史所有城市规划优点的基础上，完成了对大巴黎区规划的再次调整，按照巴黎发展成有1400万人口、500万辆私家小轿车的城市规模，形成了完好的规划。这个规划特别注重对城市内涵的改变，规定不再增加居住密度，工业、金融业等都将按照计划迁出中心区，在大巴黎地区沿着塞纳河向下游地区发展，形成带状城市。规划打破了单一中心模式，建设了以德方斯区为代表的卫星城市中心，有效地吸引了大量的工业、金融业和人口迁出中心区，后来这一规划执行得比较坚决。例如在玛海区，就按新规划降低了人口密度，迁出了约2万人口，20多栋旧日府邸改造成了艺术和民俗博物馆，一些有特色的小店铺保留了下来，破旧的面目一扫而光，成了吸引游人的好去处。为了保护好位于西郊的布劳涅森林公园，巴黎市政府干脆封闭了曾经穿行其间的数条公路，恢复了宁静的森林环境。管理者们认识到，在城市周边，确保一些"非城市化"的地段，对于城市环境的改善是非常好的。按照规划，战前曾经每户只有平均35平方米占地面积的民宅，在新的规划实施后达到了约100平方米，实现了规划提出的"更加富有人性"、"安逸与雅致"的人居目标。而其中最关键的，是如何尊重记载着法兰西文化的城市风貌。

关于巴黎的另一个争论焦点，是建不建摩天大楼。巴黎的早期风貌以不太高的楼房为特色，整个城市的楼房大都在6~8层左右，鲜见高大突出的建筑物。战后，主张建高楼的和反对建高楼的都在努力宣称自己如何正确。建高楼派以乔治·让·蓬皮杜总统为代表，他是以倡导新建筑而闻名的总统，对高层建筑的理解也有独到之处，他曾对法国《世界报》说："我不是一个高层建筑迷。我觉得在一个小村庄或小城镇里建高层建筑，甚至建造中等高度的楼房都是不合理的。然而，事实上是大都市的现代化导致了高层建筑。"他还针对反对派说道："据我看来，在法国，特别是在巴黎，反对高层建筑完全是一种落后的偏见。高层建筑的效果如何，这要看它的具体情况而言。也就是说取决于它的位置，它与周围环境的关系，他的比例尺度，它的建筑形体以及它的外表装修——一个重要的因素。"他还特别强调指出：这是"一个比例问题而不是一个原则问题"。

就在争议正酣时，一座突兀于旧城内老建筑群中的蒙帕纳斯大厦的建成，打破了争论的平衡（图6-2-18）。人们发现，这座高达数十层的大厦，与周边的环境怎么也协调不起来，色彩、相貌、高度都完全不是一回事，人们又心疼起老城，所以才决定在老城区不再建高楼了。对蒙帕纳斯大楼的批评一直延续到今天，人们只要去巴黎，就会看到它还在一群和谐的老房子之间孤独地站着。也就是在这之后，巴黎分区建设的原则被坚决地实施

图6-2-18 与埃菲尔铁塔"对峙"的蒙帕纳斯大厦（来源：王军 摄）

图6-2-19 巴黎德方斯巨型拱门（来源：王军 摄）

了，这才有了德方斯等新区。德方斯区位于从卢浮宫、协和广场、香榭丽舍大街一直到凯旋门这条轴线的西端，被称作"巴黎的曼哈顿"，那里集中了法国最大的20个财团中的12家总部以及诸多外国大公司的总部。德方斯的标志建筑是大拱门，它奇特的造型引领着众多新潮大厦，彻底改变了巴黎的天空（图6-2-19）。早在20世纪20年代，法国建筑大师勒·柯布西耶曾设想沿这条"伟大轴线"的建筑高度不得超过100米，但在实施过程中甚至超过了180米，在更新的规划中，那里还要建造一座400米高的摩天楼。这里成了现代巴黎的代表，充满生机与活力。而它的实施条件，正是因为远离了传统风貌保护区，才可以放开手脚大胆设计。巴黎的新生，取决于德方斯等新区的发展程度，新区的新中心功能越是完善，发展程度越高，其自身的生命力就越强，对传统城市风貌的保护就越容易实施。这之间的逻辑关系，巴黎人算是彻底弄明白了，于是文化自信也就因之有了牢固的根基。

　　巴黎有着辉煌和光荣的历史，它为自己丰富的文化遗存而骄傲，也为保护这些文化古迹付出过艰辛的努力。但巴黎从来也没有停止过对伟大文化工程的建设。巴黎的建设者深知，每一代人都必须为文化建设做出自己的贡献，只是这样的贡献不能是无根之树、无源之水，它们必须是人类文化尤其是地域文化的完好延续。蓬皮杜艺术与文化中心是这一时期突出的代表作。20世纪60年代末期，法国总统乔治·让·蓬皮杜决定建设一座国家艺术中心，其主要功能是展示巴黎的历史，并作为现代艺术创作、文化资料查询和电子教堂视听中心。这一工程选址在巴黎旧城中心地带。当时，这片街区已经破败不堪，建设新的文化工程，既可以有效地带动旧街区的改造更新，又可以为城市增加文化色彩。工程于1977年开始历时五年建成，时任总统吉斯卡尔·德斯坦主持了建筑落成仪式，并将这座典型的"高技派"建筑命名为"蓬皮杜国家文化艺术中心"，以纪念已经去世的前总统蓬皮杜。这座建筑最引人注目之处是它把所有的建筑管道、管线都暴露在建筑之外，而且被涂饰成鲜艳的色彩，玻璃自动扶梯走廊无声地运送着上上下下的人们，看上去就像把"一座化工厂搬到了市中心"（图6-2-20）。尽管如此，

图6-2-20 巴黎蓬皮杜艺术中心（来源：王军 摄）

这样的超级新潮建筑由于是建在老城区里，所以依然严格遵循了旧城的高度和体量限制，从总体规格上并不过分强调自己，取得了与周围环境格局协调的效果。而在内部功能上也使用了"多元复合空间"的手法，将博物馆、图书馆、工艺美术创作室和音乐制作室等叠合在同一空间里，因此又被称为"城市的机器"。艺术中心的设计者是意大利建筑师伦佐·皮亚诺和理查德·罗杰斯，他们用极为大胆和极富才华的构想，给了巴黎一个惊奇，也为这座世界文化名城增添了更多的情趣。蓬皮杜国家文化艺术中心的建成，使巴黎又多了一处吸引力很强的场所，也更使世人相信巴黎确实是一座文化荟萃之城。它的文化示范意义，早已超越了一般文化场所的含义。

也许是受了蓬皮杜国家文化艺术中心的启示，也许是基于巴黎市政设施建设欠账太多的考虑，巴黎一直在筹划一批大型市政设施的建设，尤其是文化设施的建设。法国人历来就有国王、总统喜好大型建设项目的传统，从拿破仑到蓬皮杜，再到密特朗总统，在他们的直接参与下，很多建筑工程被批准建设实施。特别是已经过世的密特朗总统所批准的十大市政设施项目，由于规模宏大，构成丰富，着实为这座文化之都增添了新风采，更增添了文化的丰富性和场所选择，给人们留下了深刻的印象，所以又被称为"总统工程"。这批工程是从1981年开始筹划的，计划投资300亿法郎。密特朗总统极为热情地全力支持工程的实施，并计划以此作为献给法国大革命200周年的大礼。

在十项工程中，名气最大的是卢浮宫扩建工程。该工程由密特朗总统特邀美籍华裔建筑师贝聿铭设计，他设计的位于拿破仑庭院的玻璃金字塔入口，曾引发了法国人的诸多议论和反对，但最后在密特朗总统的鼎力支持下，还是付诸实施了。贝聿铭巧妙地将数万平方米的新建馆舍设在地下（图6-2-21），地面之上只有那座透明璀璨的玻璃金字塔，白天它不会干扰人们眺望卢浮宫的视线，夜晚玻璃金字塔里透射出的灿烂灯火，使人如睹仙境。这样的天才设计，使扩建工程延续了卢浮宫的整体风貌。

第二个大项目是德方斯大拱门。拱门位于巴黎新区德方斯地区，是从480个竞标方案中选出来的。这一建筑最大的特征是它颇似凯旋门形式的中空洞门，其巨大的空间体量完全可以将巴黎圣母院装进去。设计者为丹麦皇家建筑学院院长奥托·翁·斯宾克尔森。大拱门占地5.5公顷，门南北两侧是高110米、长112米、厚18.7米的塔楼。两个塔楼的顶楼里是巨大的展览场所，顶楼上面的平台是理想的观景台。从顶层平台向远方眺望，既可以看到近处布劳涅森林和塞纳河的风光，也可以看到远方巴黎城区的景色。拱门集古典建筑的艺术魅力与现代化办公功能于一体，堪称建筑艺术史上的一个奇迹。

第三个项目是法国国家图书馆（图6-2-22），这是一项投资巨大的项目，工程投资高达80亿法郎，是总统工程中最为昂贵的建筑。它的四座高大的楼体形象，如同四本打开的书，各矗立一角，围合起一个宁静的院落，院落广场铺有华贵的木地板，馆舍面积巨大，内设多个类型的阅览室，连阅读灯使用的都是昂贵的不损害图书的专用灯。在建设这一宏大工程的过程中，密特朗总统不仅坚决支持年轻的法国建筑师多米尼克·佩罗，而且还抱病巡视工地。为了纪念密特朗总统，人们也将这座图书馆命名为密特朗总统国家图书馆。

其他著名的总统工程，还有巴士底歌剧院、财政部办公大楼、拉维莱特公园及科学城、阿拉伯文化研究中心、奥赛美术馆（这一建筑利用原有的奥赛火车站改建而成）、国家自然历史博物馆改建工程（图6-2-23~图6-2-27）。

图6-2-21 卢浮宫内景（来源：王军摄）

图6-2-22 法国国家图书馆（来源：杨黄大树绘）

图6-2-23 巴黎巴士底歌剧院（来源：王军摄）

图6-2-24 巴黎拉维莱特公园（来源：王军摄）

图6-2-25 巴黎拉维莱特科学城（来源：王军 摄）

图6-2-26 巴黎阿拉伯文化研究中心（来源：王军 摄）

图6-2-27 巴黎奥赛美术馆（来源：王军 摄）

这些工程既是新的创作作品，又和巴黎的整体风貌相协调，让人们看到了文化的延续和发展，也体验到了文化的完整性。这是一种非常稳定的文化心态，既尊重历史，也尊重自己的劳动创造。①

事实上没有一座城市从规划到实践是完美无缺的，但是，文化的自信却始终不能缺少，自信是文化长期积淀的结果，自信又是文化创新的起点。观察一些发展中国家存在着的自信缺失的"年代特征"，一是大而无当的城市规划多，平庸的建筑多，在"高歌猛进"时代，为了完成城市化的伟大使命，应付大量涌入城市的人口的住房问题，做宏伟的城市规划，建造大批平庸简陋的建筑，结果给城市发展带来无穷后患。二是恶俗建筑多，此类建筑大多源自急于"创新"，想表现时代的进步，又缺少文化积淀的支撑，造成自信迷失，常常简单地把建筑的象征性比喻为物化形象。如以超大尺度表现伟大，以口号式方法表现"人民性"等。简单的外形比附，给城市形象带来的是文化的灾难。三是模仿之作多，这是自信缺失的重症形式。表现为要么简单拟古，要么将所谓的罗马风格、北美风情强行插进自己的城市，既破坏了原有的城市特色，也将别人成型的完美风格劣质化。可见，完成文化自信

---

① 钟纪钢. 巴黎城市建设史. 北京：中国建筑工业出版社，2002.

的重建，是一项艰巨的长期使命，只有从点滴做起，才有可能改变文化自信缺失的状况。

三、世界城市集群的崛起

现代城市理念在得以成功应用的同时，世界城市发展中城市集群的作用大大增强，超级城市在地理分布上出现了新"极化"现象，由此产生了超级城市——400万人口以上、巨型城市（Megacity）——800万人口以上、大都市区（Metropolitan District）和大都市带（Megalopolis）等新型城市空间组织形式。城市集群是应对环境拥挤、环境质量下降、城市功能叠加繁复的问题而产生的，它的直接结果是城市分工细化、功能分解疏导、缓解大型中心城市压力、产业深度开发；但也带来了土地资源过度利用、市政设施过量增长、大型城市中心区税收锐减导致传统区域衰落等问题。目前发展最好的城市集群，又出现了中心城市复兴的趋势，核心城市的作用在增强。比如，伦敦的创意中心城市建设就促进了伦敦老城区的复兴，强化了伦敦传统区域的科技领先地位，起到了活跃创意的新领军作用。

西欧是工业化和城市化进程开始最早的地区，城市化水平高，城市数量多、密度大，均以多个城市集聚的形式形成城市群，如英国的伦敦—伯明翰—利物浦—曼彻斯特城市群集中了英国4个主要大城市和10多个中小城市，是英国产业密集带和经济核心区；法国的巴黎—里昂—勒阿弗尔城市群是法国为了限制巴黎大都市区的扩展，改变原来向心集聚发展的城市结构，沿塞纳河下游在更大范围内规划布局工业和人口而形成的带状城市群；德国的莱因—鲁尔城市群是因工矿业发展而形成的多中心城市集聚区，在长116公里、宽67公里范围内聚集了波恩、科隆、杜塞尔多夫、埃森等20多个城市，其中50万～100万人口的大城市就有5个；荷兰的兰斯塔德城市群是一个多中心马蹄形环状城市群，包括阿姆斯特丹、鹿特丹和海牙3个大城市，乌德支列、哈勒姆、莱登3个中等城市以及众多小城市，各城市之间的距离仅有10～20公里。美国城市群的形成与制造业的发展密切相关，三大城市群都分布在制造业发达地区。波士顿—华盛顿城市群分布于美国东北部大西洋沿岸平原，北起波士顿，南至华盛顿，以波士顿、纽约、费城、巴尔的摩、华盛顿等一系列大城市为中心地带，其间分布的萨默尔维尔、伍斯特、普罗维登斯、新贝德福德、哈特福特、纽黑文、帕特森、特伦顿、威明尔顿等城市将上述特大中心城市连成一体，在沿海岸600多公里长、100多公里宽地带上形成一个由5个大都市和40多个中小城市组成的超大型城市群，面积约13.8万平方公里，人口约4500万人，城市化水平达90%。虽然占国土面积的比重不到1.5%，但却集中了美国人口的20%

左右，是美国经济的核心地带，制造业产值占全国的30%，且各个城市都有自己的特殊功能，都有占优势的产业部门，城市之间形成紧密的分工协作关系。芝加哥—匹兹堡城市群分布于美国中部五大湖沿岸地区，东起大西洋沿岸的纽约，西沿五大湖南岸至芝加哥，其间分布有匹兹堡、克利夫兰、托利多、底特律等大中城市以及众多小城市，城市总数达35个之多。这两个城市群集中了20多个人口达100万以上的大都市区和美国70%以上的制造业，构成一个特大工业化区域（又称之为"制造业带"），这一地带是美国工业化和城市化水平最高、人口最稠密的地区。另一个城市群，即圣地亚哥—旧金山城市群分布于美国西南部太平洋沿岸，以洛杉矶为中心，南起加利福尼亚的圣地亚哥，向北经洛杉矶、圣塔巴巴拉到旧金山海湾地区和萨克拉门托。

日本是亚洲地区城市群发展程度最高的国家，已形成典型的城市群。日本城市群又被称为"东海道太平洋沿岸城市群"，由东京、名古屋、大阪三大都市圈组成，大、中、小城市总数达310个，包括东京、横滨、川崎、名古屋、大阪、神户、京都等大城市，全日本11座人口在100万以上的大城市中有10座分布在该城市群区域内。三大城市群面积约10万平方公里，占全国总面积的31.7%；人口近7000万，占全国总人口的63.3%，集中了日本工业企业和工业就业人数的2/3，工业产值的3/4和国民收入的2/3。三大城市群以及各主要城市各具特色，发挥着各自不同的功能。其中，东京作为东京城市群的中心城市，其城市功能是综合性的，它不仅是日本最大的金融、工业、商业、政治、文化中心，而且被认为是"纽约+华盛顿+硅谷+底特律"型的集多种功能于一身的世界大城市。

在工业化时代里，整个日本是向着4个城市群集聚，东京—横滨城市群、大阪—神户城市群、名古屋城市群和福冈—北九州城市群；但到了信息化时代，这个城市群分布格局再次发生改变，正在向东京城市群集中。英国伦敦也是这样的"极化"中心城市。这些超级中心城市的日渐极化所带来的影响已开始引起各方注意，世界级城市是否越多越好已成为讨论的话题。中国则有向上海、北京、广州、深圳集中的趋向，但能充任世界级角色的毕竟还是少数。中国目前可能需要有多个城市集群，这是与信息化时代要求资金密集、人才密集、思想库密集的需求相吻合的，也必然会提升大型跨国公司的强势作用。

第三节 城市质量评价与发展共识

想要了解清楚城市发展问题，首先要了解城市质量的评价标准，以此为参照，研究城市发展面临的问题，既而寻求应对策略。

一、城市质量的评价标准

对于城市质量的研究，一直是专家学者们关注的重点，其中，以美国城市学家凯文·林奇在《城市形态》一书中的观点最为精辟。他把评价城市质量的指标归纳为七条，即活力、感受、适宜、可及性、管理、效率、公平，这七个方面也是观察城市如何实现"为人"的目标的有力切入点。

（一）活力

活力也称生命力。根据凯文·林奇对"活力"做出的基本解释，活力是一个聚落形态对于生命的机能、生态的要求和人类能力的支持程度，最重要的是如何保护物种的延续。要达到这一指标，就必须努力维持一个有益健康的、有良好生态功能的、有利于生物生存的环境。评价这样的环境有三个特征：延续性、安全、和谐。延续性指应该保证有足够的食物、能源、水和空气的供应，有适当的方式处理垃圾；安全指没有各种危害、毒害和疾病，人们对这些危害的恐惧程度也很低；和谐指空间环境应当与人的基本生理结构相吻合，在设计相关设施时，要以人为本，具体问题具体分析，比如人的身高、工作半径、关节位置、左右撇习惯、视野范围、举重能力等。这不单指要为人设计出舒适的环境，而且要保证人生理上的健康和功能，例如在城市中要设置舒适的座椅、便捷的出行距离和出行方式等，一般要为减少体能的消耗而设计，但也要注意不能引发现代人活动过少的问题。据统计，北美一些地方的成年人每天移动身体的平均值甚至少于卧床的病人。所以在设计时要适当地改变环境，让人们不知不觉多走一些路，攀登一些人工设置的"合理障碍物"，如台阶，给人适度压力，否则长久的舒适可能会引发人类物种的退化，就如同草原上没有了狼的威胁的羊群一样。因此，要在整个生物圈范围内考虑人类的生存质量问题。现代物流业可以保证城市运转不受距离的限制，但从延续发展的角度，这个距离是至关重要的，美国的生命线可以远及中东地区，但成本太高了。

（二）感受

感受有多个层次的内容，对一座城市的感受越丰富，说明它的开放程度和多元化程度就越高。感受和认知一个城市，是要让感觉中的元素能够和其相关的时间和空间的精神感受相连接，进而去理解其非空间的观念和价值。这样的感知过程完全依赖于个人对城市的情感，人们会认真选择象征符号代表家庭、国家、社区、自然、神、历史和生命循环。

感受的构成要素包括特性、结构（一般构成要素）、表里一致、透明度和易辨性（特殊构成要素）。（1）特性包括场所和场合两个要素。场所最基本的特点就是"地方特色"，它使人能区别此地方与彼地方的差异，能唤起人们对一个地方的回忆。场合是通过庆典和仪式之类的活动实现的，与日常性相对，并与日常性共同构成城市特有的秩序性。场所感和场合感都可以通过一定的方式来测定，用以评估城市的感受性。（2）结构是形式要素，在小尺度场所中，这种感受源自该场所构成元素的组合方式；在大尺度的聚落地，感受是方向性的。（3）表里一致要素是一切空间环境与内在的非空间内容相一致，如欧洲常见的空间形态，是内容和形式的统一体，是自然的；伊斯兰城市有明显的基本宗教指向，换了地方就不对了；而居住的家庭单元形式构成，要看家庭形式是否与家庭活动内容相符合。城市的表里一致体现在主要空间是否承载了主要活动，最好的空间是否举行最好的活动，主要街道是否承载了主要交通功能，环境条件是否与人的心理和生理感受相吻合。例如，一个大而无边的停车场是让人疲倦和烦躁的，而一个家庭停车场带来的却是温馨富足的感觉。研究表里一致要素，就是要通过观察去了解空间的功能与社会、经济、自然是如何关联的。（4）透明度，即直接感，是理解、观察、融入具体城市氛围的要素，人们可以通过直接观察看到出现在空间环境中的社会和自然流程、技术功能的运行过程、人的活动内容，例如车里装的是什么，人们在吵什么，排队干什么，污水去了哪里，等等，这是城市社会的基本要求，必须有相当的透明度，才有公信力。（5）易辨性，这是城市环境所必需的。城市环境是交流和沟通的媒介，具有社会功能的易辨物态和符号，旗帜、栏杆、标语、十字架、草地、屋顶颜色、廊柱形式，标志了特定的社会含义、所有权、隐性含义，形成一种感受氛围，好的感受可以固定下来，成为永久的、显著的标志物，象征权力、神性、纪念性，等等。

（三）适宜

适宜性原则首先与人体学和物理定律相关，但同样也和文化习俗、文化传承相关。它和满足、舒适、效率等内容关联，首先是人和环境的关系问题。在更大意义上，还不仅仅是指人的身体感受，而是包括城市整体概念,如人们为什么选择这个城市生存;城市广场应该多大(俄国圣彼得堡中央广场,就被认为大的违反了人性尺度),而大小的相对程度又和内容的构成丰富与否相关;还有城市的高大城墙如果阻碍了现代城市交通该如何处理;今天的高架桥明天的人们又该怎样处理;商店的数量是以商业竞争为原则,还是以人的合理出行距离和心理期待为指南;有什么方法可以有效阻止城市噪声对工作、生活场所的不良影响;形式和使用是否对称,比如人们在城市草坪上踏出小径是不文明现象,还是城市设计出了问题;乘坐私家车出行的便利和对环境造成更多污染之间的关系如何处理,等等。凯文·林奇认为,对适宜度的评价要通过观察、访谈加上自身感受而完成。要研究人们为何会坐在花坛的栏杆上,为何会席地而坐,为何喜欢在水中嬉戏,为何有些路椅没人爱坐等。适宜性原则在特大型城市往往难以实现,原因是要想达到适宜,往往会牵涉许多方面,哪怕只是涉及某一方面的问题,也可能会"牵一发而动全身"。例如优先发展公共交通,马上就会公交车堵塞,可这些车的开通每个都有很充分的理由和合理的走向,所以如果设想城市的道路交通顺畅快捷,那么要尽量把路拓宽,最好封闭起来,每个路口都理想地修建立交桥,但这样做的结果可能又会造成公共空间被占用过多、路人行走不便以及车辆绕路等一系列问题,其结果也许与初衷适得其反。

　　凯文·林奇认为要实现城市的适宜性,有两点必须遵循,一是可操纵性,二是可逆转性(可复原性),一旦发现错误,就有更正的可能。比如第二次世界大战时期英国的军用机场,战后就被还原为农牧用地。而地貌、水文的更改非常难以复原,所以处置时要格外慎重,随意改动自然地貌和水文条件,可能会造成灾难性的后果。人们想出了一些办法应对适应范围难以确定的矛盾:一是提供超额容量,留出余地,循环拆除;二是增加可及性,即具有内部功能转换的弹性空间,例如"水立方"在北京奥运会之后就被作为速度滑冰等比赛场馆使用过;三是减少局部冲突,使局部的变动不致影响其他的局部,尽量减少单元之间的干扰;四是模数化方式,即将标准化的单元加以重复,如同军队建制那样,使每个单元都能即时生成有生命力的机体。

(四)通达

　　如果可以独立看待城市的各种功能,人们发现,城市里最有用的功能大概就是交通和通信,这是现代城市理论基本一致认同的。人类早期城市很可能只具有象征意义,即供奉图腾之地,后来又具有了军事堡垒意义,才有了较实用的功能。合理的交通方式和通讯方式往往比距离更为重要,城市居民如果不能有效地获取物品、服务、原料,不能有效地获取信息并与他人交往、参与各种活动,不能方便快捷地到达工作、学习、从业、休息、娱乐地点，城市的意义就基本消失了。美国城市学家梅尔文·韦伯认为，通信模式的改变将会成为城市形态再创造的决定性因素。可及性还要求城市必须容纳不同的文化习俗、生活习惯和特殊要求，表现为很强的适应性，这在农业社会是不可想象的。可及性对于城市居民并不是平均分配的，各种人群掌握资源的程度决定了他们的可及性程度。大城市可能是24小时运转的，有一些人适应了夜间的生活，那么就要有一批人陪着他们不睡觉。可及性要求城市必须具备多样性特征，在比较中人们可以寻找到适合自己的方式。但多样性又很难定性，它也是有限度的。交通的代价，是现代城市必须正视的问题，但还未引起人们足够的重视。人们往往从习惯出发设想城市的规划问题：汽车交通比步行重要，成人交通比儿童重要，人们为了减少等公交车的时间，选择了开车，但时间和社会成本可能更高；对比1小时的交通时间，人们用了40分钟就会觉得很节省了，人们宁愿离开工作地点一段距离，也不会选择住在公司楼上；通勤和观光的分离，让人们心理上觉得通勤更加痛苦，地铁的运行效率最高，但却是以高投资和泯灭旅行乐趣为代价的。规划者设想用重新进行城市布局、重新安排时间、提供公共补贴、让受益者直接付费等方式以改变交通困境，都是对可及性的拓展理解。好的可及性要有高度的适应性，这对于复杂和多样的社会尤其重要，它必须体现出对最广大人群的关注，是研究社会平等的重要根据。

（五）管理

空间和空间里的行为必须加以规范。人类是领域感很强的动物，什么是越界的权利，什么是合理的权利，公共空间的协调使用和共同拥有，是城市社会的特点。控制由谁做出，怎样执行，怎样行使适度的权力又使之有效，都是很大的问题。必须经过共同约定形成法律、法规，并通过大家认定的合法执行者执行。公共权利包括到场权、使用空间和在空间中的活动权、挪用权、改造修建权、部署和处置权等，其权限是复合的。假如有一段人行道属于你个人，你可以任意处置，但一定又涉及更多的你无法处置的其他权利。管理必须体现公众利益。搬迁问题、禁止乞讨问题，在城市建设发展中是最突出的。政府不能覆盖民众的权利，民众同样不能超越权限。权限的适度原则、透明度原则、可期收益的公示，对于管理的有效性都是非常重要的。如果只是少数强势群体甚至个人在城市的公共领域获取了巨大利益，那么就属于超越权限了，就是违背了公共性原则。管理应由掌握最好信息的人行使，其评价指标包括和谐性、责任、确定性。城市居民使用和接近场所和活动的程度，以及对这些地方的创造、整理和修改是由那些使用、居住和工作于此的人来管理与控制的。

（六）效率

效率的最基本原则是要维持平衡的标准。搞运动式管理城市是违背效率原则的。要用最适宜的成本达到需要的目的，以此来创造和维护上述任何一个环境指标所要付出的代价。这就是"城市效率"最根本的原则。

（七）公平

要确定公平的原则，首先就要明确最低限度的公平是什么，例如九年制义务教育更重要，还是办好重点学校更重要。要强制执行和设立监督，让一些必要事物拥有平等性，比如收入、言论自由、选举权；关注少数人和弱势群体，根据一些诸如平等、需求、内在价值、偿付能力、费力程度、潜在的贡献、权力等特殊原则，把环境益处和代价分配到每一个人。

以上七个评价城市质量的标准并非放之四海而皆准，例如：这些指标是否可以用具体的方式衡量；它们是否适用于不同的文化和不同的环境；"一般"和"最好"之间是否会因为资源、环境、权力和价值观的不同而发生转换；这些指标所取得的成功与特殊的空间形态之间到底有多么密切的关系，所得到的结果到底能否预测等，都值得我们更加深入地探究下去。

二、汽车社会——理性与需求的博弈

我们以当今社会普遍关注的汽车现象解读城市发展面临的问题。决定城市发展方向和形态的力量构成关系十分复杂，它既来自于国家行政权力，也与民间社会的力量有关。国家与民众的利益互动和力量博弈，会在城市发展中以各种显性或隐性的形式表达出来。同时，各种社会力量的博弈会在历史发展过程中寻找到平衡点，如果这个平衡点是合理并且是适用的，那么城市的建设就显现出和谐、完整和顺畅的特征，如果某一种或某几种力量过于强大而覆盖了其他力量，使其他力量无法显现而难以成长起来，那么城市建设可能就会显得怪异并且不适宜大家共同生活在一起。

杰弗瑞·布劳德本特（Geoffrey Broadbent）在《理性与功能》一文中，对城市社会中决定现代建筑的力量从抽象意义上做过如是评注：

关于"理性的"和"功能的"对我们意味着什么，我们大部分人都有十分清楚的概念。一个理性的人是那种在行动之前对事物进行透彻、冷静和明确思考的人。他会将逻辑的思维应用于每一种情况，常常牺牲了自发性、直觉、感觉或者其他"人类"的冲动。他会成为一名科学家而不是艺术家。从另一方面，一个功能性目标会是一个简单而直接服务于其目的的目标。那种用于进行工作的效率，为了形式的需要，当然会被折中，尽管已进行合理的设计，它无疑会看起来不像是功能性的。在一个理想的世界里，"理性的"设计者会制造出"功能性的"产品，并且事实上，大部分在建筑和建筑理性发展中产生的事物都能够被看作试图使它更科学、更理性和因而更具功能性。[1]

所谓理性和功能之间的博弈，也可以被看作是决定城市成长方式的重要因素，人们在追求理想中设计城市，又在功能需求上找到平衡，人类的精神需求和现实生活需求最后都要以平衡的形式实现统一，在城市建设和发展中，这就是比较理想的状态。这也是人类几千年城市发展历史的真实轨迹。

不过，在现实发展中，在某些特定的历史阶段中，一些强大的力量可能会掩盖人类长远的发展利益，比如汽车社会的问题，这是一个以满足人类生活需求的名义而进行的大规模生产开发和市场开发的巨大力量。谁也无法扭转这一趋势，因为人类在其中享受了便利和舒适，而且暂时能够有效应对因汽车社会的出现而产生的问题，可以依靠很多经济之外的力量来保证汽车社会的正常运转，如依靠强大的军事力量保证石油能源的供应，依靠新能源如电能替代汽油解决汽车尾气排放过量造成的环境问题，限制汽车出行如单双号通行以解决交通拥堵的问题，等等。汽车社会时代的城市，会有其特殊的形态和规则，很多学者都对此做过深入分析。美国学者莫什·萨夫迪把汽车社会的出现原因归结为：

传统城市的最初膨胀主要源自工业化时代人口的增长、都市的繁荣，较好的医疗条件、移民和因传统农业经济的萎缩而涌入都市的工人潮。由城市核心向郊区的运动则是由于扩张了的交通与铁路带来的便利。当然，最具决定性的因素是汽车。在美国，最剧烈的城市增长发生于第二次世界大战之后，并由于1956年联邦立法资助的、跨州高速公路的建设而进一步加剧。在1940年，平均每五人拥有一辆小汽车，今天我们正在快速达到与人口相同数目的汽车。[2]

面对城市由于汽车的数量而产生的变化，约翰·M·利维总结道："美国增加的人口多数都住到了郊区。杜安尼认为，从整体上讲，郊区规划是错误的。他的大多数指责都针对高速公路工程师，而对规划师仍保留了一点认同。按照杜安尼的观点，郊区规划在几方面存在严重的问题：首先，过分强调机动车规划……在他们的眼里，在郊区满足交通需求和实现停车目的经常被置于比设计还高的位置……如果土地利用性质严格分开，每类土地利用占据一个完全的地区，后果之一就是不方便。两类利用性质之间的距离太远而行走不便，结果是人们被迫完全依赖汽车。"对这种城市状态，他进一步

---

[1]（英）尼古拉斯·佩夫斯纳等. 反理性主义者与理性主义者. 邓敬等译. 北京：中国建筑工业出版社，2003：143.
[2]（美）莫什·萨夫迪. 后汽车时代的城市. 吴越译. 北京：人民文学出版社，2001：4.

指出:"……过度依赖汽车对人们的日常生活结构有很大影响。郊区的老年人不仅会在他们身体不够硬朗难以行走的时候失去独立性,而且当人们因眼花不能驾车时同样会失去独立性。这样,一个成年人在他还完全可以独立生活的时候就要依赖他人了。另一方面,尚未到法定年龄的成年人要极端依赖成年人驾车带他们去参加各种活动,这在市区是一个不正常的情况。"[1]更有言语犀利者,他们是这样看待汽车社会的:毫无疑问,私人小汽车是社会瓦解、生态破坏、人和环境受到毒害、能源浪费,甚至谋害人命(小汽车交通事故死亡人数是暴力犯罪致人死亡的2~3倍)的罪魁祸首。或者更确切地说,以上这些问题是大量使用小汽车的蔓延式的、总体上单一用途和低密度的土地利用模式之间的恶性循环关系——即所谓"小汽车蔓延综合征"的表现……"小汽车蔓延综合征"不仅正在杀死我们中的许多人,毒害幸存者,使美国每年有300万英亩的土地被沥青和混凝土所覆盖,而且还在借助小汽车欺骗我们——一种很大程度上的欺骗——它使我们认为小汽车方便快捷能帮助我们迅速往来于各处,很快地完成各种事务。但是,如果我们加上换挡加速的时间、被交通阻塞所耽误的时间、寻找停车处的时间、汽车维修清洗和上光的时间、缴纳违章罚单以及在法庭上争论的时间,加上到医院探望车祸受害者及参加他们葬礼的时间,以及加上我们自己受伤治疗的时间,还有为买车、养车努力工作的时间,那花费的时间实在是太多了![2]

由于中国城市的交通模式正在转向以汽车为主,尤其在特大型城市中是以私家汽车为主(实际状态而非政府规划意向)的模式,来自比较成熟的"汽车社会"的学者们的声音还是应该引起我们足够的重视。

当然,人们面对问题不会无所作为,学者们也有很多对汽车与城市如何建立和谐关系的探索,他们分析了各种城市构成模式的利弊,为更好地建设城市提出了精辟见解。丹麦学者扬·盖尔以洛杉矶、拉德本、代尔夫特和威尼斯四个城市为例,分别分析了它们各自的特点和利弊等问题。对洛杉矶这样的大街区、宽马路模式的城市,他认为:"依赖快速交通的综合性交通。交通系统简单、快捷,但安全性低。街道除汽车而外,别的一切都无法使用。"对于位于美国新泽西州的拉德本市的"分离式"交通系统的城市,他认为:"这一复杂、昂贵的系统有许多平行的公路、人行道和许多花费巨大的地下通道。对居民区的调查表明,这种方法在理论上似乎能改善交通,但在实际上却行不通,因为行人总选择较短的路径,而不是更安全但更长的路径。"对于代尔夫特市这类以慢速交通为骨架的城市,他认为:"依赖慢速交通的综合性交通。1969年引入了一种简单、直截了当且安全的系统,

---

[1] (美)约翰·M·利维. 现代城市规划. 张春香译. 北京:中国人民大学出版社2003:172.
[2] (美)理查德·瑞杰斯特. 生态城市伯克利. 沈清基等译. 北京:中国建筑工业出版社 2005:10.

这种系统把街道作为最重要的公共空间。当小汽车必须驶到屋前时,这种综合性的系统优于前两种。"对于威尼斯这种完全以步行为交通模式的城市,他说:"步行城市。从快到慢的交通转换在城市或区域的外围进行。这是一种简洁明了而又具有相当高的安全水准的交通系统,比其他系统有更大的安全感。"[1]

三、关于城市发展的国际共识

为了应对和解决城市发展中的重大问题,人们制定了一系列有关城市规划、城市管理、遗产保护的文件,其中有几个关于城市发展的重要文件,是非常值得重视的,例如1933年的《雅典宪章》,1977年的《马丘比丘宪章》,1999年的《北京宪章》以及2000年的《柏林宣言》等。这些国际性文件全面、明确地提出了城市建设的原则,为人类社会自进入工业化以来的城市发展态势做出了完整总结,对城市未来发展的趋势,提出了一系列具有前瞻性的意见,成为世界城市发展的工作指南,其深刻的精神内涵正在被城市的建设者们所认可。

1933年8月,国际现代建筑协会(CIAM)第四次会议通过了关于城市规划理论和方法的纲领性文件——《城市规划大纲》,后来被称作《雅典宪章》,提出了城市功能分区和以人为本的思想,集中反映了现代建筑学派的观点。《雅典宪章》第一次为人类城市发展提出了全面的指导性原则,它认为"现代城市的混乱是机械时代无计划和无秩序的发展所造成的",针对此问题,宪章提出了解决好城市中四大活动(居住、工作、游憩、交通)的原则和对策,并敦促各国在城市发展中要以此为行动纲领。大致内容有:

居住:针对人类城市存在着的城市中心人口密度太大、过度拥挤、生活环境不卫生、空旷地带被侵占等状况,提出了住宅区应占用最好的地区,要有合理的不同的人口密度,要留出必需的空地做公共设施、娱乐活动及停车场所,应禁止沿交通要道建造房屋等原则,住宅区应计划成安全舒适、方便、宁静的邻里单位。

工作:针对工作地与居住区无计划安排,造成较远的交通需求,工作地点未能按照城市各自的功能作适当的配置等状况,提出要将工业设施按照性能与需要分类,分布于各个特殊地带,相互之间要有协调关系,工作地点要与居住地尽量缩短交通距离,彼此要有绿化带作为缓冲和隔离。

游憩:针对现代城市普遍缺乏空地面积,且空地位置不适中,不利于住在附近的居民使用的问题,提出必须要留出空地建造公园、运动场和儿童游

---

[1] (丹麦)扬·盖尔. 交往与空间. 何人可译. 北京:中国建筑工业出版社,2002:114.

乐场，要在人口稠密地区拆除破败了的建筑以改作游憩用地，种植树木花草，同时留出地点作公共设施，设立音乐台、小图书馆、小博物馆及公共会堂，提倡正当的集体文娱活动，要留出市郊的河流、海滩、森林、湖泊作群众假日游憩之用。

交通：针对马路宽度不够所造成的交通拥堵、城市街道未能按照功能需要加以区分的问题，特别指出"有一种学院派的城市计划由'姿态伟大'的概念出发，对于房屋、大道、广场的配置，主要目的只在获得庞大纪念性排场的效果，时常使得交通情况更为复杂"。提出要建设新街道系统，以适应现代交通工具的需要，要用正确的调查与统计资料确定街道合理的宽度，要把各种不同功能分开，确定交通要道、住宅区街道、商业区街道、工业区街道，快慢车分行，用绿化带分隔住宅区和街道等。

此外，《雅典宪章》还建议"有历史价值的古建筑均应妥善保存，不可加以破坏"。

自从20世纪60年代中期开始，城市规划的公众参与成为城市规划发展的重要内容，同时也成为此后城市规划进一步发展的动力。达维多夫等在20世纪60年代初提出的规划选择理论和倡导性规划的概念，成为城市规划公众参与的理论基础。其基本的意义在于，不同的人和不同的群体具有不同的价值观，规划不应当以一种价值观来压制其他多种价值观，而应当为多种价值观的体现提供可能，规划师就是要表达不同的价值判断并为不同的利益团体提供技术帮助。订立于1977年的《马丘比丘宪章》不仅承认公众参与对城市规划的极端重要性，而且更进一步地推进其发展。

《马丘比丘宪章》的精神是，城市规划过程必须对人类的各种需求做出解释和反应，应该按照可能的经济条件和文化上的重要性提供与人民要求相适应的城市服务设施和城市形态。为达到这些目的，城市规划必须建立在各专业设计人群、城市居民以及公众和政治领导人之间的系统的不断互相协作配合的基础上。

《马丘比丘宪章》提出："规划必须在不断发展的城市化过程中反映出城市与其周围区域之间的基本动态的统一性，并且要明确邻里与邻里之间、地区与地区之间以及其他城市结构单元之间的功能关系。"宪章针对农村人口大量外流及城市加速增长的现象，以及富裕居民迁往郊区造成城市中心的衰落，剩下的居民和新外来户难以支撑原有的基础设施维护和公共服务设施维护等问题，强调指出人口增加，生活质量就下降。它还指出《雅典宪章》提出的城市分区的概念，造成牺牲了城市的有机构成，城市生活严重贫血；建筑物成了孤立的单元，否认了人类活动要求流动、连续的空间的事实。这是关于城市环境必须是综合的、多功能的崭新理念。

《马丘比丘宪章》指出，人的相互作用和交往是城市存在的基本依据，生活基本质量的保障和与自然环境协调都是重要的目标。在人与人的交往中，宽容和谅解是城市生活的首要因素，这一点应作为不同社会阶层选择居住区位置和设计的指针，而不要强行区分，否则就是与人类的尊严不相容的。

针对《雅典宪章》提出的城市交通首先是取决于私人汽车，而且道路分类、增加车行道和设计好各种交叉路口的原则，《马丘比丘宪章》认为这并不是最理想的解决方法。它认为将来的城区交通政策，应当使私人汽车从属于公共运输系统的发展。

针对环境污染日趋严重，自然资源滥加开发，空气、水、食品都含有大量有毒物质等问题，宪章提出必须控制城市发展以防止环境继续恶化，按照公认的公共卫生标准化福利标准恢复环境固有的完整性。

《马丘比丘宪章》鲜明地提出："城市的个性和特性取决于城市的体形结构和社会特征。因此不仅要保存和维护好城市的历史遗址和古迹，而且还要继承一般的文化传统。一切有价值的说明社会和民族特性的文物必须保护起来。"保护、恢复和重新使用现有的历史遗址和古建筑必须同城市建设过程结合起来，以保证这些文物具有经济意义，并继续具有生命力。

《马丘比丘宪章》特别指出科技进步、人民交往频繁，本是有益的资源，但如果不加审视和批判地使用，为了追求新颖或者由于文化依靠性或称为文化惰性的恶果，就会造成材料、技术和形式的应用不当。宪章提到："由于技术发展的冲击，结果出现了依赖人工气候与人工照明的建筑环境。这样的做法对于某些特殊问题是可以的，但建筑设计应当是创造在自然条件下能适合功能要求的空间与环境的过程。"

空间连续性观念是《马丘比丘宪章》的重大贡献，"在1933年，主导思想是把城市和城市的建筑分成若干组成部分。在1977年，目标应当是把那些失掉了它们的相互依赖性和相互联系性，并已经失去活力和含义的组成部分重新统一起来。""新的城市化概念追求的是建成环境的连续性，意思是说每一座建筑物不再是孤立的，而是一个连续统一体中的一个单元，它需要同其他单元对话，从而使其自身的形象完整。""建筑—城市—园林绿化的再统一是城乡统一的结果。现在是坚持建筑师要认识现代运动历史的时候了，要停止做那些由纪念碑式盒子组成的过时的城市建筑设计，不管是垂直的、水平的、不透明的、透明的或反光的建筑。"这不仅是视觉原则，而且更根本的是一条社会原则。

《雅典宪章》和《马丘比丘宪章》对整个20世纪的人类城市发展起了很大作用，是现代城市建设的文化指南，是新人文基本含义的集大成者。

1999年，国际建筑师协会第20届世界建筑师大会在北京召开，通过《北京宪章》。《北京宪章》继承了以往国际宪章的优秀内涵，并提出了新的问题和新的观念，因为以中国为代表的一批国家正在迅速参与到城市化进程中。《北京宪章》提出："人类对自然和文化遗产的破坏已经危及自身的生存；在发达地区，'建设性的破坏'始料未及，屡见不鲜；而在贫困地区，褴褛众生正垒筑自己的城市，寻求安居。"

随着城市发展的规模扩展，人口更多地涌入城市；尤其是在发展中国家，人们盲目涌入大城市更是迅猛异常，按照预测，未来人口超过2000万的超巨型城市大多数将出现在发展中国家。进入城市至少意味着以城市的方式生活，意味着高额的资源消耗，这必然带来全球生态安全问题。环境承载力和环境质量问题，在城市化进程中都会愈加突出。面对现代建筑灵魂的失色，面对全球环境质量的逐步恶化，各个宪章一再明确提出可持续发展的理念，提倡建立人居环境的循环体系，倡导植根于文化土壤的多层次技术建构和建筑文化的和而不同，并希望通过整体的环境艺术（雕塑、绘画、工艺等）的建构，提升人民生活的质量和增加文化气息，为社会生活的艺术化和艺术的日常生活化做出贡献。它们还一再倡导属于全社会的建筑学，提倡以全方位的教育为社会意识的进步做出专业的贡献，尽到社会责任和义务。这些全新的文化观念，必将会把人类对城市发展的认识提升到一个新的高度。

第七章 城市文化遗产保护

自20世纪80年代以来，尤其是进入21世纪以后，世界范围的城市化进入新的阶段，50%以上的人口住进了城市，全球范围的城市人口首次超过了农村人口。2000年，我国的城市化率超过了30%，2003年，我国人均GDP超过1000美元，标志着我国进入城市化快速发展阶段。我国的这一阶段，时间过程短，城市建设强度大，投入密度高，城市发展中各类矛盾集中，冲突激烈，文化遗产保护面临许多困境和挑战，在取得成绩的同时，也有不少教训。文化遗产是人类文明积累的财富。它既是城市文化的体现，也是城市文化传承的重要媒介。在高速城市化进程中，文化遗产保护和城市建设的矛盾突出，甚至时常处于对立状态。然而，实践证明，两者唯有相互协调，方有望城市的持续发展和文化的传承发扬。这就要求我们以开放的姿态，将眼光从对遗产本身价值的关注，放宽到遗产与整个社会、人类生活的整体利益的维度，通过合理利用、永续利用，达到文化遗产保护的长远目标。

第一节 文化遗产及其保护历程

一、文化遗产概述

遗产（Heritage），通常是指前人留给后人的财产。文化遗产（Cultural heritage），是指历史留给人类的物质与精神财富，从形态上可分为物质文化遗产和非物质文化遗产。物质文化遗产是指具有历史、艺术、科学价值的文物和古迹，分为可移动文物、不可移动文物。在我国，世界文化遗产、历史文化名城、文物保护单位，都涉及不可移动文物的范畴。非物质文化遗产是指世代相传的各种传统文化表现形式，以及与之相关的实物和场所（图7-1-1）。

下面，就构成不可移动文物的世界文化遗产、历史文化名城、文物保护单位，以及非物质文化遗产的概念予以阐释。

（一）世界文化遗产

1972年11月16日，联合国教科文组织（UNESCO）大会在巴黎通过了《保护世界文化和自然遗产公约》（简称《世界遗产公约》，于1975年12月

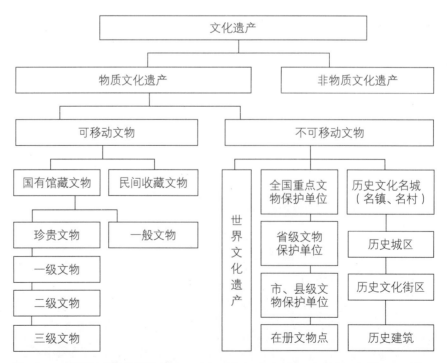

图7-1-1 文化遗产分类示意图（来源：作者据《文化遗产保护与城市文化建设》所示国家文物局资料改绘）

图7-1-2 世界遗产标识（来源：whc.unesco.org）　　图7-1-3 罗马古城遗址（来源：王军 摄）

17日生效），受到世界各国政府和公众的普遍关注和重视。世界遗产，是指人类共同继承的文化和自然财产。这里，"遗产"被理解为历史的见证（图7-1-2）。1988年，时任联合国教科文组织总干事的费德里科·马约尔·扎拉戈扎（Federico Mayor Zaragozd）在《信使》杂志撰文，强调世界遗产是"人类共同的遗产"。

《世界遗产公约》将文化遗产分为以下类型：

1．纪念物（Monuments）：从历史、艺术或科学角度看，具有突出的普遍价值的建筑物、雕刻和绘画，具有考古意义的素材或遗构、铭文、洞窟，以及其他有特征的组合体。

2．建筑群（Groups of buildings）：从历史、艺术或科学角度看，在建筑造型艺术、建筑形态的典型性、建筑空间的场所性方面具有突出的普遍价值，由独立的或有关联的建筑物组成的群体。

3．古迹遗址（Sites）：从历史、美学、人类学角度看，具有突出的普遍价值的人工物、人与自然共同作用下的创造物及地区（图7-1-3）。

至于自然遗产，《世界遗产公约》将其分为自然面貌、地理地质构造、天然名胜等类型。

截至2019年，世界遗产总数为1121处，其中文化遗产869处，自然遗产213处，文化与自然双重遗产39处。[①]据中国世界遗产网，我国世界遗产总数为55处，其中文化遗产37处，自然遗产14处，文化与自然双重遗产4处，数量上居于世界前列。

（二）历史文化名城

《中华人民共和国文物保护法》对"历史文化名城"的解释是："保存文物特别丰富并且具有重大历史价值或者革命纪念意义的城市"。国务院

---

① 数据来源：whc.unesco.org.

1982年26号文件指出:"我国是一个历史悠久的文明古国,保护一批历史文化名城,对于继承悠久的文化遗产,发扬光荣的革命传统,进行爱国主义教育,建设社会主义精神文明,扩大我国的国际影响,都是有积极意义的。"[①]这一年,根据北京大学侯仁之、建设部郑孝燮和故宫博物院单士元三位专家提议,我国建立了历史文化名城保护机制,先后通过《文物保护法》、《城乡规划法》等确立了历史文化名城保护制度。

国务院于1982年、1986年和1994年先后公布了三批共99座国家历史文化名城。此后,于2001年至2018年相继增补了36座。目前,我国的国家历史文化名城总计135座。此外,我国还有省级历史文化名城。

国务院2008年4月公布的《历史文化名城名镇名村保护条例》中提出了申报国家历史文化名城的五项条件:(1)保存文物特别丰富;(2)历史建筑集中成片;(3)保留着传统格局和历史风貌;(4)历史上曾经作为政治、经济、文化、交通中心或军事要地,或发生过重要历史事件,或其传统产业、历史上建设的重大工程对本地区的发展产生过重要影响,或能够集中反映本地区建筑的文化特色、民族特色;(5)在所申报的历史文化名城保护范围内还应当有2个以上的历史文化街区。

有学者将我国历史文化名城分为七个类型:

1. 古都型,如西安、洛阳、南京、北京、开封、杭州等;
2. 传统城市风貌型,如平遥、韩城、榆林、镇远等;
3. 风景名胜型,如承德、桂林等;
4. 近现代史迹型,如上海、天津、延安、遵义等;
5. 地方特色及民族文化型,如拉萨、日喀则、丽江、大理、喀什等;
6. 特殊职能型,如景德镇、自贡等;
7. 一般史迹型,如敦煌、曲阜、沈阳等。[②]

(三)文物保护单位

文物保护单位是对确定纳入保护对象的不可移动文物的统称,包括文物本体及周围一定范围实施重点保护的区域。《中华人民共和国文物保护法》规定:"古文化遗址、古墓葬、古建筑、石窟寺、石刻、壁画、近代现代重要史迹和代表性建筑等不可移动文物,根据它们的历史、艺术、科学价值,可以分别确定为全国重点文物保护单位,省级文物保护单位,市、县级文物保护单位。"一个城市中文物保护单位的数量和级别,是衡量这个城市历史文化资源的重要指标。例如,有"十三朝古都"之称的西安市,共有

---

① 董鉴泓,阮仪三. 名城文化鉴赏与保护. 上海:同济大学出版社,1993:6-7.
② 董鉴泓,阮仪三. 名城文化鉴赏与保护. 上海:同济大学出版社,1993:28-29.

文物保护单位424处,其中全国重点文物保护单位52处,省级文物保护单位108处。①

各级文物保护单位,分别由省、自治区、直辖市人民政府和市、县级人民政府划定必要的保护范围,作出标志说明,建立记录档案,并根据情况分别设置专门机构或者专人负责管理。全国重点文物保护单位的保护范围和记录档案,由省、自治区、直辖市人民政府文物行政部门报国务院文物行政部门备案。《文物保护法》还规定,一般情况下文物保护单位的保护范围内不得进行其他建设工程。对于文物保护单位的用途,也有一定约束,例如核定为文物保护单位的属于国家所有的纪念建筑物或者古建筑,除可以建立博物馆、保管所或者辟为参观游览场所外,作其他用途的,应视文物保护单位的级别分别报国务院或省、市、县级人民政府批准方可使用。

(四)非物质文化遗产

"非物质文化遗产"概念的普遍共识始于20世纪80年代。1982年8月,世界文化政策大会在墨西哥城召开并发表宣言,将非物质文化遗产和物质文化遗产共同列为人类的文化遗产。联合国教科文组织于1989年1月在巴黎通过了《关于保护传统和民间文化的建议》,又于1997年11月第29届大会通过了《宣布人类口头和非物质遗产代表作申报书编写指南》,再于2003年10月第32届大会通过了《保护非物质文化遗产公约》,这是联合国有关非物质文化遗产保护最重要的文件。

《保护非物质文化遗产公约》定义,非物质文化遗产指被各群体、团体、有时为个人所视为其文化遗产的各种实践、表演、表现形式、知识体系和技能及其有关的工具、实物、工艺品和文化场所。包括以下方面:(1)口头传统和表现形式,包括作为非物质文化遗产媒介的语言;(2)表演艺术;(3)社会实践、仪式、节庆活动;(4)有关自然界和宇宙的知识和实践;(5)传统手工艺。

根据《中华人民共和国非物质文化遗产法》规定,非物质文化遗产是指各族人民世代相传并视为其文化遗产组成部分的各种传统文化表现形式,以及与传统文化表现形式相关的实物和场所。包括:(1)传统口头文学以及作为其载体的语言;(2)传统美术、书法、音乐、舞蹈、戏剧、曲艺和杂技;(3)传统技艺、医药和历法;(4)传统礼仪、节庆等民俗;(5)传统体育和游艺;(6)其他非物质文化遗产。

---

① 数据来源:西安市文化和旅游局官网,wlj.xa.gov.cn.

二、文化遗产保护历程

(一) 国际范围文化遗产保护历程

在整个世界范围,对文化遗产的研究、保护由来已久,它始于对古物、文物的收集和保存。在欧洲,从古希腊、古罗马到中世纪,皇室、贵族收藏各种古代珍品和宗教遗物的风气盛行,一些教会组织、学者也尝试对古代遗物进行研究和展示,如欧洲许多教堂都设有此类物品的收藏和陈列场所(图7-1-4)。文艺复兴促进了人们对早期文化艺术研究的兴趣,古希腊、古罗马时代的美术和雕刻作品被广泛收集。直至18世纪末,文物的保护和修复工作才被社会所真正重视。至于文物保护走上科学化道路,其基本概念、理论、原则逐步形成,则是19世纪中叶以来百余年发展演变的结果。例如,联合国教科文组织于1954年在海牙通过了《武装冲突情况下保护文化财产公约》,1956年在马德里通过了《关于适用于考古发掘的国际原则的建议》,1960年在巴黎通过了《关于博物馆向公众开放最有效方法的建议》。

对于文物建筑的保护,世界各国在20世纪初逐渐达成了共识。1904年,国际建筑师协会第六届大会在马德里通过了《关于建筑保护的建议》;之后又于1931年在雅典通过了《关于历史性纪念物修复的雅典宪章》;1964年在威尼斯通过了《国际古迹保护与修复宪章》(又称《威尼斯宪章》)。

国家立法层面,美国立法保护的范围广泛、内容丰富,于1872年设立"国家公园",保护包括印第安人文化遗址在内的文物古迹,又于1906年通过《古文物法》,1935年通过《历史遗址法》,1966年通过《国家历史保护法》。法国是最早立法保护历史街区的国家,于1962年颁布《马尔罗法》。英国于1967年颁布《城市文明法》。日本于1966年颁布《古都保存法》,要求保护古都的历史环境风貌。

图7-1-4
梵蒂冈圣彼得大教堂内的圣彼得遗骨(来源:王军 摄)

联合国教科文组织于1972年通过的《世界遗产公约》体现出各国文化遗产和自然遗产是"人类共同遗产"的思想。迄今,《世界遗产公约》是加入缔约国最多的国际公约之一,也是遗产保护领域最具普遍性的国际法律文书。

1999年6月,国际建筑师协会(UIA)第20届世界建筑师大会在北京召开,通过了《北京宪章》,宪章中提到"历史环境的保护",有学者称这部宪章"有着东方文化的底蕴"[①]

2005年10月,国际古迹遗址理事会(ICOMOS)第15届大会在西安召开,大会通过了保护历史性建筑、古遗址和历史地区环境的《西安宣言》,将文化遗产的范围扩大到了"环境"的层面,包括了物质与非物质遗产、文化与自然遗产的广阔内涵。

(二)我国文化遗产保护历程

我国历来就有保存古代遗物的传统。"文物"一词最早见于《左传》,主要指礼乐典章制度中的礼器和祭器;后来演变为前代遗物的意思,民间称为"古董"、"古玩"。

现代意义上的"文物"概念出现在我国是20世纪以来的事。1905年,民族实业家张謇创办南通博物苑,开创我国博物馆事业之先河。清光绪三十二年(1906年)设民政部,拟定《保存古物推广办法》;1912年,国民政府筹建"国立"历史博物馆;1914年在故宫外朝成立古物陈列所,同年颁布《大总统禁止古物出口令》;1916年北洋政府颁发《保存古物暂行办法》。

我国现代意义上的文物保护工作始于20世纪20年代。1922年,北京大学成立考古学研究室,是我国最早的文物保护专业机构;1925年,故宫博物院成立;1930年,"国民政府"颁布《古物保存法》,是我国历史上由国家颁布的第一个文物保护法规。同年,朱启钤先生创办中国营造学社,相继聘请梁思成、林徽因、刘敦桢等学者加入,开启了中国人对我国古代建筑调查、研究的科学历程。

中华人民共和国成立后,《关于在基本建设工程中保护历史及革命文物的指示》于1953年颁布;1956年,国务院颁布《关于在农业生产建设中保护文物的通知》,并由国家文物部门在全国范围组织了第一次文物普查,共确定各级文物保护单位7000多处;1961年,国务院颁布《文物保护管理暂行条例》;1981年,国家文物部门组织开展了第二次全国文物普查,共登记不可移动文物40余万处。1982年11月,《文物保护法》颁布实施,成为我国文化领域第一部由国家最高立法机构颁布的法律。《文物保护法》经过1991

---

① 吴良镛. 国际建协《北京宣言》——建筑学的未来. 北京:清华大学出版社,2002:37.

年至2017年间数次修订，逐步确立了"保护为主，抢救第一，合理利用，加强管理"的工作方针。2007年至2011年，国务院发起开展了第三次全国文物普查，共登记不可移动文物76万余处。至2015年，全国重点文物保护单位的数量达到4296处，各地省级和市县级文物保护单位的数量也有大幅度增长。①

《文物保护法》规定，保存文物特别丰富并且具有重大历史价值或者革命纪念意义的城镇、街道、村庄，应由省级人民政府核定公布为历史文化街区或历史文化村镇，并报国务院备案。这一规定，在国家层面建立起了历史文化街区、历史文化村镇的保护制度，在我国文物保护领域形成了单体文物、历史地段、历史性城市的多层次保护体系。与此相应，我国文化遗产保护工作的发展还体现在完善世界文化遗产保护体系、建立大遗址保护国家项目库、保护工业遗产、保护乡土建筑，以及调整博物馆总体结构布局等方面。

2005年，国务院印发了《关于加强文化遗产保护的通知》，明确提出了加强文化遗产保护的指导思想、基本方针、总体目标和主要措施，标志着我国文化遗产保护事业进入新的阶段。自2006年开始，国家文物局每年举办文化遗产保护论坛，先后对工业遗产、乡土建筑、20世纪遗产、文化景观、文化线路、运河遗产、世界遗产的保护与利用问题进行广泛而深入的研讨。第28届世界遗产委员会大会、第15届国际古迹遗址理事会大会、第2届文化遗产保护与可持续发展国际会议、东亚地区文物建筑保护理念与实践国际研讨会、东亚地区木结构彩画保护国际研讨会、国际古迹遗址理事会顾问委员会暨科学委员会会议等重要国际会议在我国召开，《世界遗产青少年教育苏州宣言》《西安宣言》《绍兴宣言》《北京文件——关于东亚地区文物建筑保护与修复》《关于东亚地区彩画保护和修复的北京备忘录》等国际文件陆续出台，2015年修订《中国文物古迹保护准则》(以下简称《准则》)，加强了我国与国际文化遗产保护领域的沟通与交流，为国际文化遗产保护理论的丰富与发展做出了重要贡献（图7-1-5）。

图7-1-5
中国文化遗产标识
（来源：http://baike.baidu.com/pic/）

---

① 国际古迹遗址理事会中国国家委员会. 中国文物古迹保护准则. 北京：文物出版社，2015.

三、文化遗产保护的意义

(一) 文化遗产保护的历史意义

每一个城市或聚落都是在特定自然地理条件和人文社会条件交互作用下孕育而生的，这个过程凝聚并积淀着城市或聚落全部的物质文明与精神财富。任何一座城市都有自己的生命历程，文化遗产体现着城市独特的意识形态和价值取向，是城市发展和演变的记忆载体，每一处文化遗存及其背后的文献和史实，都承载着丰富的历史、社会、文化信息。文化遗产既属于一个城市或地区，属于一个国家、一个民族，也是全人类的共同财富。

遍布我国各地的文化遗产，见证了中华民族自强不息、百折不挠的发展历程，凝结着中华民族的杰出智慧。我国众多历史性城市的文化遗产资源极为丰富，既构成了城市文化的深厚底蕴，又体现了城市对中华文明做出的贡献。例如西安城墙，是中国现存规模最大、保存最完整的古代城垣。现存的西安城墙建于明洪武七年至十一年（1374~1378年），是在唐长安城皇城基础上扩建而成的。西安古城墙凝聚了中国古代人民的智慧，为研究古代的历史、军事、城市、建筑等提供了不可多得的实物资料，具有极高的历史与科学价值（图7-1-6）。

遗留在世界各地的珍贵的文物古迹，或由于自然环境的影响，或由于人为因素的建设性破坏，许多都处于濒危状态。因此，保护文化遗产是拯救濒危文物古迹的需要，这项事业不仅是每个城市、每个国家的重要职责，而且是国际社会的共同义务。

(二) 文化遗产保护的社会意义

文化遗产是具有社会、经济、文化和精神价值的、不可替代的资源，我们应有效地保护和利用好这种文化资源。文化遗产是不可再生的财富，能够提升社会资源的运行效率。只要为新的功能提供适当的发展条件，历史城市、历史街区依然可以很好地服务并融合于当今社会。保护好公共空间的区

图7-1-6
西安城墙
（来源：孙建国 摄）

图7-1-7
福州三坊七巷历史文化街区（来源：王军 摄）

域特色和场所精神，有益于形成和谐的社会氛围。

例如，福州具有2200多年历史，古城中心坐落着"三坊七巷"历史文化街区，占地约40公顷，由三个坊、七条巷和一条中轴街肆组成。三坊七巷起于晋，完善于唐五代，至明清鼎盛，古老的坊巷格局至今基本保留完整，是中国都市仅存的一块"里坊制度活化石"。坊巷内保存有200余座古建筑，其中全国重点文物保护单位及省、市级文保单位和历史保护建筑数量众多，是一座不可多得的"明清建筑博物馆"。三坊七巷人杰地灵，林则徐、严复、林觉民、冰心等对当时社会乃至中国近现代进程有着重要影响的人物皆出自于此。因此，三坊七巷堪称"闽都名人的聚居地"，是福州的象征与骄傲（图7-1-7）。

历史性城市的文化定位由文化遗产的特质决定。社会意义上，文化遗产被看作城市共有的信仰和象征，维系着城市居民的情感和核心价值。保护文化遗产，就是因为它们对城市文化传承和现代社会发展具有重要意义。如果文化遗产遭到损毁，它们承载的文化便极易消失，城市文化也就失去了根基和脉络。因此，保护文化遗产、延续城市文化是我们共同的社会责任。

（三）文化遗产保护的现实意义

文化遗产保护是城市发展战略的重要组成部分，是城市规划和城市建设不可或缺的内容。如今，城市文化遗产保护已远远超出静态的、"博物馆式"的文物保存的做法，而是将历史文化资源、文物古迹保护纳入城市总体规划，创造社会、文化、经济、环境的综合效益。

历史文化名城制度确立后，我国城市建设出现了一种新的理念和模式。《保护历史城镇与城区宪章》指出，历史城区除了它们的历史文献作用之外，还体现着传统城市文化的价值。从文化角度，以优秀传统文化内涵的保护、弘扬为出发点建设现代化城市，较之单纯地从物质层面规划建设城市，更能够拓展城市文明的精神内涵。

例如，北京是世界著名的历史文化古都，拥有3000多年建城史，800多年建都史，历史文化资源十分丰富，有不可移动文物3840处，可移动文物501万件(套)，其中包括世界文化遗产7处，全国重点文物保护单位126处，市级文物保护单位216处，地下文物埋藏区68处，历史文化保护区43处，中国历史文化街区3处，中国历史文化名镇1处，中国历史文化名村5处。北京市围绕城市发展规划和功能定位，加强文物保护顶层设计和统筹规划，依托丰厚的历史文化资源，围绕北京全国文化中心的城市功能定位，整体谋划全市文物保护格局，统筹推进"一城三带"保护建设。北京市文物局积极推动老城整体保护，加大老城文物保护力度，相继启动太庙、大高玄殿、历代帝王庙、地坛、月坛等近百项重点文物保护单位修缮工程，推进胡同和四合院、会馆、名人故居等历史建筑的保护利用；为了保护历史风貌，已基本完成北京市市级及以上重点文物保护单位的保护范围及建设控制地带修订工作，初步形成老城整体保护规划阶段性成果。制定实施《北京市长城文化带保护发展规划（2018年-2035年）》、《北京市西山永定河文化带保护发展规划（2018年-2035年）》，落实《北京市大运河文化带保护建设规划》，统筹规划、科学保护长城、大运河等重要历史文化遗产及其周边环境。①

第二节　文化遗产保护的基本原则

一、真实性原则

在文化遗产的保护原则方面，世界遗产委员会（The World Heritage Committee）认为，真实性（Authenticity）是定义、评估、监控世界文化遗产的基本原则。这已在国际文化保护领域达成广泛的共识。

《中国文物古迹保护准则》指出："真实性"是指文物古迹本身的材料、工艺、设计及其环境和它所反映的历史、文化、社会

---

① 摘自国家文物局官网《新中国70年北京文物工作硕果累累》.

等相关信息的真实性。对文物古迹的保护就是保护这些信息及其来源的真实性。与文物古迹相关的文化传统的延续同样也是对真实性的保护。

"真实性"原则包含了物质遗产和非物质遗产两个方面。它不仅适用于作为历史见证的古代遗址、古建筑等类型的文物古迹，而且对仍然保持着原有功能的历史文化名城、名镇、名村以及文化景观等类型的文物古迹的保护具有指导意义。对于这类具有"活态"特征的文物古迹，那些具有文化多样性价值的文化传统，是真实性的重要组成部分，需要得到完整的保护。专业领域特别关注发掘世界文化的多样性以及对多样性的描述，这些描述涵盖了历史纪念物、历史文化街区、文化景观以及非物质文化遗产。真实性包括了外形和设计，材料和材质，用途和功能，传统、技术和管理体系，环境和位置，语言和其他形式的非物质遗产，精神和感觉，其他内外因素。真实性还体现在：对已不存在的文物古迹不应重建；文物古迹经过修补、修复的部分应当可识别；所有修复工程和过程都应有详细的档案记录和永久的年代标志；文物古迹应原址保护等几个方面。

不改变原状是文物古迹保护的要义。它意味着真实、完整地保护文物古迹在历史过程中形成的价值及体现这种价值的状态，有效地保护文物古迹的历史、文化环境，并通过保护延续相关的文化传统。文物古迹的原状主要有以下几种状态：

（1）实施保护之前的状态。

（2）历史上经过修缮、改建、重建后留存的有价值的状态，以及能够体现重要历史因素的残毁状态。

（3）局部坍塌、掩埋、变形、错置、支撑，但仍保留原构件和原有结构形制，经过修整后恢复的状态。

（4）文物古迹价值中所包含的原有环境状态。情况复杂的状态，应经过科学鉴别，确定原状的内容。

保护各种形式和各历史时期的文化遗产要基于遗产的价值。人们理解这些价值的能力部分地依赖于与这些价值有关的信息源的可信性与真实性。对这些信息源的认识与理解，与文化遗产初始的和后续的特征与意义相关，是全面评估真实性的必要基础。这些理念为文化遗产保护的方式提出了基本要求（图7-2-1）。

文物古迹和历史环境不仅提供直观的外表和建筑形式的信息，同时又是历史信息的物化载体，历史信息包括今天尚未认识、而于明天可能被认识的文化和科技信息。文物古迹和历史环境是不可再生的文化资源，因而保护是第一位的，必须切实保护。在一些历史城市中，把重建、仿造古建筑、仿古街当作一种保护方式，实际是对文化遗产保护的误解。这些城市新建的仿古建筑和"明清街"，并不含有任何真实的历史信息，却给人造成错觉，甚至

图7-2-1
成都金沙遗址博物馆（来源：王军 摄）

会产生"以假乱真"的负面效果，冲淡和影响对历史名城中真实历史遗存的保护。

在城乡建设发展进程中，要采取必要的措施确保对文物古迹、历史建筑及其周边环境尽可能少的改变，必须寻求适当、协调的新用途，或者按最初的目的继续使用它们。无论如何，文化遗产易于识别的历史品质或固有特征不应改变或受到威胁，所有的文物古迹和历史建筑将作为它们那个时代的产物而能够被识别，这是文化遗产保护的基本要求。

二、完整性原则

完整性（Integrity）本是评估自然遗产价值和保护状况的重要指标，随着文化遗产与自然遗产保护工作的深入，文化遗产保护的完整性问题引起了人们越来越多的关注。

完整性强调文化遗产的保护是对其价值、价值载体及其环境等体现文化遗产价值的各个要素的完整保护。文化遗产在历史演化过程中形成的包括各个时代特征、具有价值的物质遗存都应得到尊重。文化遗产的"环境"是指对历史地区动态或静态的景观发生影响的自然的或人工的背景，或者是在空间上有直接联系或通过社会、经济和文化的纽带相联系的自然的或人工的背景。任何历史遗存均与其周围的环境同时存在，失去了原有环境，就会影响对其历史信息的正确理解。遗憾的是，我们以往只关注了文物古迹本体的保护和修缮，而周边历史环境的保护则被忽视了，然而周边环境一旦遭到削弱，文物古迹的许多特征将会丧失，文物古迹的历史价值或纪念意义也将在一定程度上受损。

保护文物古迹完整性的原则是指对所有体现文物古迹价值的要素进行保

护。文物古迹具有多重价值。这些价值不仅体现在空间的维度上，如遗址或建筑遗存、空间格局、街巷、自然或景观环境等的价值，也体现在时间的维度上，如文物古迹在存在的整个历史过程中产生和被赋予的价值。在文物古迹认定、制定保护规划、保护管理、实施保护规划的过程中，要保护所有体现文物古迹价值的要素。要对各个时代留在文物古迹上改动、变化痕迹的价值和对文物古迹本体的影响进行评估和保护。文物古迹保护区划应涵盖所有体现文物古迹价值的要素，其保护管理规定应足以消除周边活动对文物古迹及其环境产生的消极影响。在考古遗址中需要注意对多层叠压、各时代遗存的记录和保护。规划中对考古遗址可能分布区的划定，体现了对文物古迹完整性的保护。需要尊重和保护与文物古迹直接相关的非物质文化遗产或文化传统。

1964年的《威尼斯宪章》指出："古迹的保护意味着对一定范围环境的保护。凡现存的传统环境必须予以保持，决不允许任何导致主体和颜色关系改变的新建、拆除或改动行为"，"古迹遗址必须成为专门照管对象，以保护其完整性，并确保用适当的方式进行清理和开放展示"。这是在国际宪章中较早提出保护历史古迹及环境完整性的文件。

当文物古迹与某种文化传统相关联，文物古迹的价值又取决于这种文化传统的延续时，保护文物古迹的同时应考虑对这种文化传统的保护。保护文物古迹，也是保护其反映的文化多样性。文物古迹可能是举行传统活动的场所，或与特定的生产、生活方式或非物质文化遗产相关。这些文化传统，生产、生活方式，非物质文化遗产也是文物古迹价值的重要的组成部分。对文物古迹的保护同时也是对这些传统文化、生产、生活方式和非物质文化遗产的延续。对文物古迹的保护应当促进这些传统活动、生产、生活方式和非物质文化遗产适应当代生活的发展并保持活力。

2005年10月，在西安召开的国际古迹遗址理事会（ICOMOS）第15届大会通过的《关于历史建筑、古遗址和历史地区周边环境保护的西安宣言》，提出了文化遗产保护的新理念，将文化遗产的保护范围扩大到遗产周边环境以及环境所包含的一切历史的、社会的、精神的、习俗的、经济的和文化的活动。也就是说，过去的建筑遗产保护虽然也关心周边环境，但多数情况下这一"环境"还是物质实体的，或者是基于空间或视觉上的关联性的。《西安宣言》指出，除实体和视觉方面的含义外，环境还包括与自然环境之间的相互作用；过去的或现在的社会和精神活动、习俗、传统认知和创造并形成了环境空间中的其他形式的无形文化遗产，它们创造并形成了环境空间以及当前动态的文化、社会、经济背景。

三、低干预原则

最低限度干预，是指应当把干预限制在保证文物古迹安全的程度上。为减少对文物古迹的干预，应对文物古迹采取预防性保护。对文物古迹的保护是对其生命过程的干预和存在状况的改变。采用的保护措施，应以延续现状、缓解损伤为主要目标。这种干预应当限制在保证文物古迹安全的限度上，必须避免过度干预造成对文物古迹价值和历史、文化信息的改变。作为历史、文化遗存，文物古迹需要不断的保养、保护。任何保护措施都应为以后的保养、保护留有余地。凡是近期没有重大危险的部分，除日常保养以外，不应进行更多的干预。必须干预时，附加的手段应只用在最必要部分。

与低干预原则相辅相成的是预防性保护。预防性保护是指通过防护和加固的技术措施和相应的管理措施以减少灾害发生的可能、减少灾害对文物古迹造成损害以及降低灾后需要采取的修复措施的强度。应当使用经检验有利于文物古迹长期保存的成熟技术，文物古迹原有的技术和材料应当保护。对原有科学的、利于文物古迹长期保护的传统工艺应当传承。所有新材料和工艺都必须经过前期试验，证明切实有效，对文物古迹长期保存无害、无碍，方可使用。所有保护措施不得妨碍再次对文物古迹进行保护，在可能的情况下应当是可逆的。恰当的保护技术指对文物古迹无害，同时能有效解决文物古迹面临的问题，消除潜在威胁，改善文物古迹保存条件的技术。对文物古迹的保护包括技术性维修和管理两个方面。文物古迹作为历史遗存，是采用相应时代的、符合当时需要的技术进行建造和修缮的。当这些技术仍然存在，甚至成为文物古迹价值的重要载体时，应当得到保护和传承。

科技的发展不断为文物古迹的保护提供新的可能性。由于文物古迹的不可再生性，新技术必须经过前期试验，包括一定周期的现场试验，证明其对文物古迹无害，确实能够解决所需解决的问题。增补和加固的部分应当可以识别，并记入档案。运用于文物古迹的保护技术措施应不妨碍以后进一步的保护，应尽可能采用具有可逆性的保护措施，以便有更好的技术措施时，可以撤销以前的技术措施而不对文物古迹本体及其价值造成损失。

四、永续性原则

文化遗产保护是指对文物古迹、历史街区、历史建筑、传统民居等文化遗产及其景观环境的改善、修复和控制，即为降低文化遗产和历史环境衰败的速度而对变化进行的动态管理。作为人类共同财富的文化遗产，随着时间的推移其价值会越来越高。因而，保护工作将是一项长期的社会事业，一定要在法律制度、资金、教育、人员等方面通盘考虑。

永续性原则要求我们认识到遗产保护的长期性和连续性，随着对文化遗产及所包含的信息、价值的认识的提高，文化遗产已被视为社会持续发展不可再生的战略资源。而文化遗产所承载的文化与社会意义也更加普遍、更加深刻，与当今社会的关联程度更为密切，与其有关的知识、信息的传播讨论以及对其保护利用的社会参与也更为普遍。

而且，永续发展与文化遗产保护的理念及实践，反映了人类理性在不同领域的互为推动。当世界城市走过了物质更新、经济发展阶段，在向人文时代迈进的时候，永续发展不再是环境与土地资源、能源结构与利用效果、生产模式与消费模式等的强制型节制，永续发展的城市也不再是由简单指标来界定，而是强调城市内在运作机制的永续性，即城市建设的人性化。城市遗产保护不是单纯的文物古迹保护，而是更多地立足于对城市自然环境、历史变迁轨迹的尊重，重新认识并充分利用"自然—经济—社会"复合系统中的现有资源，不断丰富城市的文化内涵和生命价值。

第三节 城市文化遗产保护的内容

一、城市文化遗产的价值

关于文物建筑的价值，英国有学者将之归纳为：（1）情感价值，包括新奇感、认同感、历史延续感、象征性、宗教崇拜等；（2）文化价值，包括文献、历史、考古、审美、人类学等；（3）使用价值，包括功能的、经济的、技术的价值。我国著名古建筑学者罗哲文先生将文物古迹归纳了三个价值和五个作用。三个价值是：历史价值、艺术价值、科学价值。五个作用是：激发爱国热情、增强民族自信心的实物；研究历史科学的实证；新的建筑设计和新的艺术创造的重要借鉴；文化游憩的适宜场所；发展旅游的重要基础。

历史性城市，尤其是历史文化名城，文物古迹较为集中。城市文化遗产的价值可以从两个层面加以理解。首先，从保护人类历史文化遗产的角度出发，城市文化遗产具有前述学者所归纳的历史的、艺术的、科学的价值，它们是人类历史发展轨迹的载体和实证，我们当代人只是这些"人类共同遗产"的托管者，必须确保它们能完好地世代相传。其次，从使用的角度出发，城市中的文物古迹，如博物馆、纪念馆、遗址公园等，可提供人们进行文化游憩、学习、教育、研究的场所或环境；历史地段、历史街区则可以供

图7-3-1 华沙古城（来源：王军 摄）

人们居住生活，具有增强居民文化归属感、丰富城市环境的作用，并可以通过发展旅游带来经济效益。

我们以华沙古城重建为例。华沙是历史名城，建城史可追溯到公元10世纪，自16世纪起成为波兰首都，是欧洲最美丽的城市之一。第二次世界大战期间，华沙遭到严重破坏，特别是"华沙起义"失败后，德国军队出于非军事目的，将整个古城摧毁，夷为平地。战后，波兰人民抱着满腔的民族复兴的热忱，决定在战争废墟上重建华沙古城。当重建的消息传开后，有30万流浪在国外的波兰人闻讯回到了祖国的怀抱。在华沙重建办公室的领导下，重建工程持续十数年时间，以历史文献和居民记忆为依据，借助于战前华沙理工大学建筑系师生测绘记录的建筑图纸档案，终于让华沙老城恢复了战前的面貌（图7-3-1）。重建工程包括：修复古城市场、联排房屋、古城围墙、皇家城堡以及重要的教堂等建筑。除整体格局和建筑外观外，重建工程还对居里夫人等波兰名人故居和诸多具有历史意义的建筑进行内部复原，并考虑了今后作为展览、教育、研究场所的需要。1980年，华沙古城重建项目作为特例被联合国教科文组织列入世界遗产名录。本来，世界遗产组织一贯拒绝接受重建项目，但波兰人民自发起来复兴民族文化和历史传统的壮举，对欧洲乃至世界的古城保护产生了重要影响。国际古迹遗址理事会将华沙重建称为"一个全球杰出的文化重建的象征，具有重大的历史意义"。

二、城市文化遗产保护的含义

如前文所述，文化遗产是指历史留给人类的物质与精神财富，包含物质文化遗产和非物质文化遗产。从非物质层面看，无形的遗产包括构成社会或社会团体特性的精神、知识和情感，包括生活方式、价值体系和宗教信仰。从物质层面看，城市文化遗产可直观地理解为城市的历史环境。

城市历史环境的保护，一方面以文物单位保护为基础，涉及历史城区、历史街区、历史建筑[①]的保护，对可能干预到历史环境的真实性、完整性和空间品质的行为，要实施规划管控，从而保护城市的个性和魅力，增强城市的吸引力；另一方面，城市历史环境的保护又不等同于一个个文物保护单位的简单叠加，因为前者要保护的是城市整体的特色，因而又包括了城市赖以存在的富有特色的自然环境要素。例如，古都西安周围山环水绕，河流众多，西汉时就有"八水绕长安"的美誉，长安"八水"滋润了广沃的平原，孕育了伟大的长安城，浇灌出灿烂的历史文化。但是，经过沧桑变迁，尤其是唐宋以后，这些河流却发生了巨大的变化，昔日为人们津津乐道的"八水绕长安"的壮美景象已一去不复返，"八水"成为暴涨暴落的季节性河流，并逐渐萎缩衰竭，被誉为"天府"、"陆海"的八百里秦川也成为干旱地区，这是非常值得我们深思的问题。

城市是动态的，处于不断生长和演化中，因而其文化遗产的保护也不能是静止的、单纯"博物馆式"的。以追求物质利益为动机的城市开发对文化遗产造成的建设性破坏是不可取的，但以牺牲环境品质和生活质量为代价，过分强调城市老旧面貌不可改变的观念也是片面的。保护的目的不是单纯地重现旧时风貌，而是让城市各方面协调共生，有机生长，提高居民生活品质，造福子孙。所以，所谓"保护"，既是认知城市的价值观念，也是指导城市规划建设的尺度与标准，目的是实现城市经济、社会、文化、自然生态的可持续发展。

三、城市文化遗产保护的内容

一座城市的构成，涉及自然环境、人工环境、人文环境，城市文化遗产的保护包括构成城市环境的各个方面。住房和城乡建设部、国家文物局于2017~2018年对国家历史文化名城和中国历史文化名镇名村保护工作开展评估检查，发现有些城市在保护工作方面存在突出问题。如山东省L市在古城内大规模拆建并进行房地产开发；山西省D市在古城内拆真建假；河南省L市在历史文化街区违反规划大拆大建；陕西省H市在古城内成片拆建、破坏山水环境；黑龙江省H市搬空历史文化街区居民后，街区长期空置。这些行为致使名城文化遗存遭到严重破坏，名城历史文化价值受到严重影响。经研

---

① 此处的"历史建筑"为广义的概念，泛指具有保护价值的老建筑；在中华人民共和国国务院第524号令《历史文化名城名镇名村保护条例》中，历史建筑是指经城市、县人民政府确定公布的具有一定保护价值，能够反映历史风貌和地方特色，未公布为文物保护单位，也未登记为不可移动文物的建筑物、构筑物。

究并报国务院批准，住房和城乡建设部、国家文物局决定对上述城市予以通报批评，要求上述城市人民政府立即梳理名城保护工作中存在的问题，分析原因，开展整改工作。①

（一）城市形态的保护

城市形态，是人类社会经济活动在地理空间上的投影，是人工活动与自然环境因素相互作用的结果，是城市社会、经济、文化的综合表征。建筑史学家吉迪翁（S. Giedion）认为，只有城市的形态才能真实地表现出一个时代建筑成就，以及该时代人类的生存能力与生活水平。有形的城市形态包括城市的几何形状、方位、格局、轴线、分区、路网、节点等要素。城市形态的发展是一个漫长的历史进程，历史上形成的形态对其后的城市发展具有深远的影响，现实的城市形态是以往不同历史阶段的城市形态积累的结果，其变化往往以原有形态为基础，带有延续性。

然而，有不少现代城市规划由于盲目追求"大广场、宽马路"这些所谓的"现代化"景象，又缺乏对历史的尊重、理解和研究，结果造成对传统城市形态的破坏，切断了城市文脉，丧失了城市特色。例如我国南方某水乡古城，传统的古城形态在城市建设中遭到严重破坏，"一是城墙被拆毁大半。原有10个城门，现在只剩下盘门、胥门和金门3个。二是作为古城灵魂的河道被填。短短几年时间里，在历史城区内先后填埋河道23条，总长度达16.3公里，使古城的水环境一度被严重污染。三是修建了横穿历史城区的交通干道，拆毁了长达数公里的宋、元、明、清、民国时期的街道、小巷、建筑、石桥，拦腰切断了长达2500年的古城历史文脉。"②

《西安市第四轮城市总体规划（2008-2020）》制定的"九宫格局、棋盘路网、轴线突出"等城市空间格局规划，其形态的原型最早可追溯到唐长安城（图7-3-2）。但西安在中华人民共和国成立初期选择了以旧城为核心的城市发展模式，在这种模式下，不论保护还是发展，必然相互牵制，矛盾难以调和。几十年来，历史城区内新增了较多单位，聚集了大量人口，现代高层建筑严重损害了以钟楼、鼓楼、城楼以及大、小雁塔等构成的西安标志性景观和天际轮廓线（图7-3-3），破坏了原有的以低层传统建筑为主的旧城格局和历史风貌。③

土耳其诗人希格梅（N.Hikmet）有一句名言："人一生中有两样东西是永远不能忘却的，这就是母亲的面孔和家乡的面貌。"那么，对于局部有残缺的城市形态，是否还有修复的可能呢？或者，对于业已消失的城市节点性的标志物，是否可以再现呢？从这一点来说，北京永定门复建、西安城墙永

---

① 摘自中华人民共和国住房和城乡建设部官网，作者隐去城市名.
② 单霁翔. 文化遗产保护与城市文化建设. 北京：中国建筑工业出版社，2009：33.
③ 单霁翔. 文化遗产保护与城市文化建设. 北京：中国建筑工业出版社，2009：32.

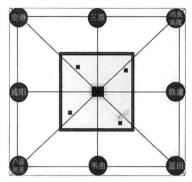

图7-3-2 西安总体规划"九宫格局"示意图（来源：《西安市第四次城市总体规划（2008-2020）》）

图7-3-4 沿西安城墙护城河西望永宁门"箭楼"（来源：王军 摄）

图7-3-3 被高层建筑包围的小雁塔（来源：王军 摄）

宁门箭楼保护性建筑等工程的实施，不失为一种尝试和探索。以西安明代城墙永宁门箭楼为例，原箭楼毁于1926年一场火灾，台基部分于20世纪80年代修复。2014年，经国家文物局批准，永宁门箭楼以"保护性建筑"方式得以重现，从而填补了该区域城市节点的一处空缺（图7-3-4）。

（二）历史城区的保护

中华人民共和国成立以来，许多历史性城市就面临着"以旧城为中心发展"还是"保护旧城，发展新区"的选择问题。以北京为例，梁思成、陈占祥曾于1950年2月向中央建议"早日决定首都行政中心所在地……拓展旧城与西郊新市区之间地区建立新中心"，理由是"北京为故都和历史文化名城，许多旧日的建筑已成为今日有纪念性的文物，它们的形体不但美丽，不允许伤毁，而且它们的位置部署上的秩序和整个文物环境，正是这座名城壮美特点之一，也必须在保护之列"。[①]这个富有卓识远见的建议，史称"梁陈方案"（图7-3-5）。然而，这个方案没有被采纳，北京选择了以旧城为

---

① 梁思成，陈占祥. 关于中央人民政府行政中心区位置的建议. 梁思成全集（第五卷）. 北京：中国建筑工业出版社，2001：60.

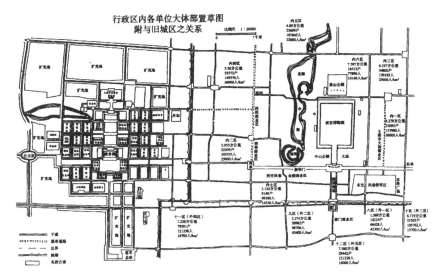

图7-3-5 梁思成、陈占祥：北京西郊新行政中心建设方案（1949年）（来源：《梁思成文集》）

中心的发展模式，这直接导致了北京历史城区日后的命运。中国科学院院士、中国工程院院士吴良镛多次指出，自从确定北京以旧城为中心在改造中发展的原则后，北京旧城区不断膨胀，处在不断地迁就当前要求，陷于缓缓地、持续地破坏之中。

美国学者刘易斯·芒福德（L.Mumford）曾经指出，人们的住家、商店、教堂、住宅区、珍贵的纪念性建筑物，是当地人们生活习惯和社会关系赖以维持的整个组织结构的基础。把孕育着这些生活方式的建筑整片拆除，常常意味着把这些人们一生的（甚至是几个世代的）合作和忠诚一笔勾销。然而，在城市化浪潮中，许多城市大兴土木，无数历史街区葬身于推土机的轰鸣声中，换来的是挤满旧城区的高楼大厦，原有的文化空间不复存在。重庆的朝天门码头、高高的石阶和吊脚楼民居在很多人心目中就是雾都山城的代表，却在旧城改造中被拆除，成为现代商业区，使山城的历史城区少了一份厚重，使城市的文脉中少了一份完整。

从长远看，以摧毁历史城区为代价换取的城市发展是得不偿失的，历史城区在城市建设用地中的占比往往并不大，而一旦破坏便不可再生。世界遗产名录中，有半数以上是完整的历史性城市或历史城区，且多位于欧洲国家。相比之下，我国则鲜有此类遗产被列入。改造后的北京旧城申遗失败就是例证。"西安，虽然旧城城垣尚在，但城内的旧建筑改造殆尽，风貌顿失，在申报世界文化遗产时也遭到了与北京同样的命运；至于洛阳、开封、杭州、南京等古城，情况大致相同，皆未申报。这主要是因为我们自己没有保护好古城。"①

---

① 徐苹芳. 要废除"旧城改造"的思路. 建筑创作（建筑师茶座），2003（11）：11.

(三) 文物古迹的保护

文物古迹包括已经定级保护的地上文物，如古建筑、古园林、古城墙、古代雕刻、古代工艺设施，以及近现代革命纪念地、杰出人物纪念地；文物古迹还包括已探明或尚待探明的重要的地下历史遗存，如古代城址、古墓葬、古建筑遗址；此外，文物古迹也包括尚未定级但具有历史文化价值和利用价值的传统民居、传统街巷，具有传统特色的旧城景观风貌，还有古树名木和富有地方特色的植物、花卉。

《中国文物古迹保护准则》对"文物古迹"的阐释是：文物古迹指所有地面、地下、水下的不可移动文物，既包括各级文物保护单位，也包括经文物普查确定为文物的对象。文物古迹必须是实物遗存，具有历史、地点、年代的要素。构成文物古迹的历史要素包括：

（1）重要历史事件和历史人物的活动；

（2）重要科学技术和生产、交通、商业活动；

（3）典章制度；

（4）民族文化和宗教文化；

（5）家庭和社会；

（6）文学和艺术；

（7）民俗和时尚；

（8）其他具有独特价值的要素。

文物古迹本体的保护是文化遗产保护的首要任务。文物古迹的形成，需要漫长的岁月积淀，一旦被毁，便难以恢复。然而，相对于随时间推移的自然老化与衰退，人为的破坏更让人触目惊心，在城市开发建设、旧城改造、基础建设过程中造成文物古迹本体损毁的案件屡有发生。

梁思成、林徽因旧居，位于北京市东城区北总布胡同24号院。2009年，因商业项目开发，24号院门楼及西厢房被拆除。经报道后，引起很大的社会反响，北京市有关机构遂叫停了对梁思成、林徽因旧居的进一步拆除。2010年，梁林旧居在全国第三次文物普查中被登记为"不可移动文物"，受到《文物保护法》的保护。然而，梁思成、林徽因旧居依然于2011年被开发单位完全拆除。开发单位辩称房屋年久失修，是"保护性拆除"。北京市文物部门宣布此事为破坏古都文物的恶性事件，对古都的名城保护和文化建设带来极大的负面影响。

"天津的文化遗产拆毁之多、后果之严重，令人触目惊心。自1980年以来，已经被拆毁的天津市文物保护单位有4个、区县文物保护单位16个、文物点160个，约占全市文物保护单位的1/6。"[①]内蒙古自治区和林格尔县招

---

① 方兆麟等. 历史建筑：天津如何将你留住？人民政协报，2006年9月18日：B1版. 转引自：单霁翔. 文化遗产保护与城市文化建设. 北京：中国建筑工业出版社，2009.

图7-3-6 西安钟楼上的商业广告（来源：《华商报》）

商引资，在全国重点文物保护单位土城子古城遗址附近开发建设房地产项目，开发单位为抢工期，不顾文物部门的劝阻，强行动用大型机械对尚未进行文物考古发掘工作的地段破土施工，造成92座古代墓葬被破坏。[1]

建于明代的西安钟楼是全国重点文物保护单位，与大雁塔一样，也是古都西安的城市象征。然而，21世纪初在西安举办的一次全国糖酒会期间，国内某知名酒厂将其商业广告钉在了钟楼上（图7-3-6）。巨幅的广告布将钟楼基座包裹一周，数颗硕大的钢钎被楔入基座墙体以固定广告布。此举不仅损坏了文物本体，带来火灾隐患，而且有损于钟楼和西安形象。经过一番争论，在强大的舆论谴责下，广告被及时撤除。西安市随后也出台了禁止在钟楼、鼓楼、城墙等文物古迹上设置商业广告的管理条例。

《中国文物古迹保护准则》对文物古迹保护做出如下规定：对文物古迹实施有效保护。保护是指为保存文物古迹及其环境和其他相关要素进行的全部活动。保护的目的是通过技术和管理措施真实、完整地保存其历史信息及其价值。《准则》进一步解释，保护文物古迹的目的在于保存人类历史发展的实物见证，保存人类创造性活动和文化成就的遗迹，继承和弘扬优秀文化。有效保护是指为消除或抑制各种危害文物古迹本体及其环境安全的因素所采取的技术和管理措施。文物古迹的环境既包括体现文物古迹价值的自然环境，也包括相关的人文环境。相关要素包括附属文物、非物质文化遗产、工业科技遗产的设备、仪器等。[2]

（四）城市自然环境特色的保护

自然地理环境是形成城市特色的重要组成部分，不同的地理环境形成了各异的城市文化景观。自然环境包括地形、地貌、地质、气候、山脉、水

---

[1] 单霁翔. 文化遗产保护与城市文化建设. 北京：中国建筑工业出版社，2009：23.
[2] 国际古迹遗址理事会中国国家委员会. 中国文物古迹保护准则. 北京：文物出版社，2015.

体、动植物等要素。古人对自然环境的改造、干预，使其具有了历史和人文的内涵。就拿中国古都的选址来说，虽然经历了成百上千年的沧桑变迁，但是我们今天仍能看到它们在地理位置和山川地形方面的优越形势，这既是古人精心细致选择城址的结果，又是他们长期以来充分利用自然和改造自然的成就。西安南阻秦岭，北滨渭河，居于"八水绕长安"的关中平原中心，号称"高屋建瓴"之势。洛阳南系洛水，北临邙山，被誉为"天下之凑"。开封在河、淮之间，居于四通八达的鸿沟水系的中心，史称"四达之会"。南京当长江之滨，秦淮河在此交汇，长江沿岸多山矶，形势险要，古人称为"钟山龙盘，石头虎踞"。杭州位于钱塘江和大运河之交，西临天目山余脉，山清水秀，构成了举世闻名的西湖胜景，誉为"上有天堂，下有苏杭"。北京的前身蓟城，城址就建立在古代永定河渡口的交通枢纽上，它位于北京小平原、南方大平原和北方山地之间的重要地理位置，被誉为"挈裘之势"，对于中国北方来说具有提纲挈领的作用，优越的地理形势，使这个城市当其始建之时就成为北方重镇。

传统城市尊重自然、顺应自然，山水不再只是自然因素，而是与人工建设共同构成城市文化景观。以水来说，许多名城伴水而生，中国如此，国外亦然，例如伦敦泰晤士河、巴黎塞纳河、罗马台伯河、维也纳多瑙河等。可是，我国一些名城的河流水体在粗放的城市开发建设中遭到破坏或污染。20世纪80年代末，上海苏州河浙江路段水质严重污染达5级，是全国两个5级污染河段之一，"主要污染物挥发酚、大肠菌和氨氢浓度已分别超过国家标准14.6倍、237倍、6.1倍"。[①] 经过近十年的环境治理，苏州河水质有了很大改善，可是不少房地产开发商又盯上了河沿岸土地的商业价值，一片片高大豪华的楼盘蜂拥而出，苏州河顿失原有的自然和谐氛围。杭州因西湖而闻名，西湖周围名胜荟萃，古迹众多，但近几十年来的城市建设却集中于西湖周边，导致临湖建筑越来越密、越来越高，有损于西湖固有的宜人环境和恬静氛围。

以天空为背景的建筑群、构筑物或其他物体共同形成的顶部轮廓被称为天际线，是人工建设与自然环境长期作用的结果和表现。《管子》曰："因天材，就地利，故城郭不必中规矩，道路不必中准绳。"我国许多名城、古城自古因地制宜，与山水相互融合、和谐共处，形成了优美的城市天际线。然而，近些年有的城市开发建设罔顾城市与山水的和谐关系，打破了原来完整优美的天际线（图7-3-7、图7-3-8），或是人工形成了一道道由钢筋混凝土构筑的生硬刻板的轮廓线（图7-3-9）。

[①] 张松. 历史城市保护学导论：文化遗产和历史环境保护的一种整体性方法（第2版）. 上海：同济大学出版社，2008，3：37.

图7-3-7 陕西南部某城市景观（来源：王军 摄）

图7-3-8 南方某城市被"突破"的天际线（来源：王军 摄）

图7-3-9 由高层建筑构成的"一刀切"式的城市天际线（来源：王军 摄）

（五）非物质文化遗产的保护

在全球化进程中，通过传统文化、地域文化的保护与传承，促进文化的生命力与多样性，增强文化的认同感，是全世界的普遍追求。随着文化遗产保护理论与实践的不断发展，人们发现，人类的文化财富除了那些物质形态的遗存，还有大量存在是活态的，如民间文化。这些活态的文化世代相传、生生不息，对人类社会生活依然具有巨大的影响。但是，与物质文化遗产相比，非物质文化遗产更脆弱，更容易消逝。

日本是最早提出非物质文化遗产保护的国家。日本于1950年颁布的《文化财保护法》中提出"无形文化财"的概念，包括传统音乐、戏剧和工艺技术。美国于1976年颁布《民间文化保护法》，保护内容涉及生活习俗、语言、文学、艺术、建筑、音乐、戏剧、舞蹈、手工艺等。

我国于2004年加入联合国教科文组织《保护非物质文化遗产公约》，作为履行《公约》缔约国义务的重要内容之一，我国积极推进向联合国教科文组织申报非物质文化遗产名录项目的相关工作，以促进保护工作，提高相关非物质文化遗产的可见度（图7-3-10）。中国非物质文化遗产保护协会成立于2013年，协会的工作包括调查研究、信息收集、举办展览、专业培训、咨询服务和国际合作等方面，同时还承担着致力于世界非物质文化遗产保护

图7-3-10 中国非物质文化遗产标识（来源：http://baike.baidu.com/pic）

图7-3-11 西安鼓乐（来源：中国非物质文化遗产网）

相关机构、团体的经济和文化交流工作。截至2018年12月，中国列入联合国教科文组织非物质文化遗产名录项目共计40项，总数位居世界第一。其中，人类非物质文化遗产代表作32项［含昆曲、古琴艺术、西安鼓乐（图7-3-11）、新疆维吾尔木卡姆艺术、蒙古族长调民歌等］；亟须保护的非物质文化遗产名录7项；优秀实践名册1项。①

第四节 城市文化遗产保护的趋势

一、文化遗产保护的内涵不断深化

今天，人类对文化遗产价值的认识日益深化。从"文物保护"到"文化遗产保护"，内涵得到不断深化，保护的概念更加综合和深刻。有西方学者指出："所有事物都是历史的——它们都早已存在，都与某些人和事相关联，因此都具有某种历史意义。"②

回顾文化遗产保护的历程，从保护单体文物建筑，到保护文物建筑周围的历史环境、成片的历史街区，再到保护历史城区乃至整个历史性城市，保护的内容愈加复杂，保护的领域愈加丰富。此外，文化遗产保护的空间维度不断扩展，"遗产地"（Heritage Sites）、"文化线路"（Cultural Route）、"系列遗产"（Serial Heritage）等概念应运而生，并向跨地区、跨国界的方向发

---

① 摘自中国非物质文化遗产网．
②（美）凯文·林奇．城市形态．林庆怡等译，北京：华夏出版社，2001：183．

展。例如，形成于15世纪的南美洲"印加之路"，就是跨越秘鲁、阿根廷、玻利维亚、智利、厄瓜多尔、哥伦比亚六个国家的文化线路。更为典型的文化线路类型，是"丝绸之路"，它由沙漠丝绸之路、草原丝绸之路、海上丝绸之路组成，沿途跨越东亚、东南亚、西亚、欧洲、非洲等数十个国家和地区，是人类不可多得的巨型文化线路。2014年，"丝绸之路：长安—天山廊道的路网"由中国、哈萨克斯坦、吉尔吉斯斯坦三国联合申报世界文化遗产，申报成功，成为首例跨国合作成功申遗的项目。同年，我国另一个文化线路——大运河项目也成功申报为世界文化遗产。

可见，文化遗产保护的对象呈现出由单体向群体、由群体向整体扩展的趋势；保护的范围呈现出由点向线、面，由线、面向系统扩展的趋势；保护的领域呈现出将物质遗产与非物质遗产相结合的趋势。城市，是人类文明的成果和标志，人类文化的创造也更多地产生于城市中，因此，从某种意义上说，城市本身就是文化遗产。文化遗产保护已形成一门系统的学科，它涉及保护对象的内部因素和外部因素，是包含了定性研究、定形研究、定量研究，兼具动态发展性的科学研究体系。随着人类社会的发展和观念的演变，文化遗产的概念也将向着更加多样性、广义性的方向发展。

二、城市文化遗产保护外延的拓展

在文化遗产保护实践中，人们认识到不仅要保护物质实体环境，而且要保护其赖以依托的人文环境和社会环境。继《世界遗产公约》实施后，在文化遗产保护领域的国际文件中，最具代表性的当属联合国教科文组织（UNESCO）于1976年通过的《关于历史地区的保护及其当代作用的建议》（又称《内罗毕建议》）和国际古迹遗址理事会（ICOMOS）于1987年通过的《保护历史城镇与城区宪章》（又称《华盛顿宪章》）。前者明确提出了"历史地区"的概念，后者将之引申到"历史城镇与城区"，并列出了其中历史地段应予以保护的内容：

（1）地段和街道的格局和空间形式；

（2）建筑物和绿化、开放空间的关系；

（3）历史性建筑的内外面貌，包括体量、形式、风格、材料、色彩、装饰等；

（4）地段与周围环境的关系，包括与自然环境的关系、与人工环境的关系；

（5）地段在历史上的功能。

日本于1975年修订《文化财保护法》，增加了"传统建筑群"的保护内容，包括传统建筑和构成历史风貌的街巷、道路、石灯、小桥、院墙等多种要素。美国自20世纪80年代起，以"国家遗产区"的方式开始保护那些有历

图7-4-1
波兰维利奇卡古盐矿的地下教堂（来源：王军 摄）

史意义且仍有人居住的地区。法国于1985年设立"历史艺术城市和地区"。英国在历史性城市中设立的保护区数量巨大，达9000个左右，其中"伦敦的威斯敏斯特区就有51个保护区，占了该区面积的76%。爱丁堡有18个保护区，占了老城面积的90%"。[①]

2003年7月，国际工业遗产保护委员会（TICCIH）在俄罗斯下塔吉尔通过了保护工业遗产的国际章程《下塔吉尔宪章》。宪章指出，工业遗产（Industrial Heritage）是工业文明的遗存，它们具有历史的、技术的、社会的、建筑的或科学的价值。这些遗存包括建筑、机械、车间、工厂、选矿和冶炼的矿场矿区、货栈仓库，能源生产、输送和利用的场所，运输及基础设施，以及与工业相关的社会生活场所，如住宅、宗教和教育设施等（图7-4-1），此外还包括无形的和可移动的遗产，如记录产业发展的绘画、照片、文字资料、影像等。至2005年，共有22个国家的34处工业遗产被列入了世界遗产名录。至2011年，这一数量达到54处。

文化遗产保护在时间尺度上不断延展，从重视古代文物、近代史迹，到同时重视20世纪遗产、现代遗产，甚至当代遗产，例如我国优秀近现代建筑的保护。优秀近现代建筑一般是指具有一定的建造历史和文化、艺术、技术价值的建筑物和构筑物。2004年，建设部发布了《关于加强对城市优秀近现代建筑规划保护的指导意见》，指出："城市优秀近现代建筑是城市历史文化遗产的重要组成部分。切实加强对城市优秀近现代建筑的保护工作，对于保持城市的传统特色和风貌，具有十分重要的意义。"相对于古建筑的保护，近现代建筑保护起步较晚，致使不少优秀的建筑或因年久失修而损毁，或因城市建设被拆除。例如建于20世纪50年代末，被誉为"国庆十大工程"之一的北京华侨大厦，还有同样建于20世纪50年代的西安华侨商店（又

---

① 王景慧. 城市历史文化遗产保护的政策与规划. 城市规划，2004（10）：70.

称中山百货商店），都在城市建设中遭到被拆除的厄运。随着优秀近现代建筑逐渐受到重视，国内有些城市率先开展了保护工作。上海市于2003年开始实施"优秀历史建筑"保护，并将登记标准由以往的"建于1949年以前"延伸到"建成30年以上"；南京市于2006年立法保护具有历史、文化、科学、艺术价值、建成时间超过50年的"重要近现代建筑"；厦门市也于该时期开展了"重点历史风貌建筑"的保护。

2008年，国务院发布第524号令《历史文化名城名镇名村保护条例》，提出"历史建筑"的概念，明确"历史建筑"是指："经城市、县人民政府确定公布的具有一定保护价值，能够反映历史风貌和地方特色，未公布为文物保护单位，也未登记为不可移动文物的建筑物、构筑物。""历史建筑"概念的确立，从国家层面涵盖并规范了前述"优秀历史建筑"、"重要近现代建筑"、"重点历史风貌建筑"等地方概念。住房和城乡建设部于2016年、2017年先后发布《历史文化街区划定和历史建筑确定工作方案》和《进一步加强历史文化街区划定和历史建筑确定工作》通知，要求全国各省市限时完成历史文化街区划定和历史建筑确定任务。

西安市历史建筑保护工作以"传统民居"和"工业遗产"的保护作为启动期，起初统称为"优秀近现代建筑"。2015年颁布了《西安市优秀近现代建筑保护管理办法》；2016年公布了第一批优秀近现代建筑名录15处；2017年完成第二批优秀近现代建筑名录15处公示工作（表7-4-1）；2019年完成了第三批建筑名录103处拟定工作，同时，将优秀近现代建筑纳入历史建筑保护体系。

西安市优秀近现代建筑名录　　　　　表7-4-1

序号	第一批	序号	第二批
1	西铁分局检察院办公楼	1	西北政法大学礼堂
2	陕西省人民出版社办公楼	2	陕西省团校主楼
3	西安交通大学钱学森图书馆	3	西安体育学院教学楼
4	西安建筑科技大学历史建筑群	4	长安大学本部主教学楼
5	西北光学仪器厂E型楼、办公楼（4栋）	5	西安市卫生学校主楼
6	华山机械厂办公建筑（3栋）、厂区木质水塔	6	中共西北党校旧址
7	长安学巷过街楼2座	7	西安建筑设计研究院办公楼
8	西安高压电瓷厂	8	国营西北第六棉纺织厂行政楼
9	西安仪表厂	9	陕西老钢厂建筑群
10	第四军医大学附属医院内科楼门楼	10	西电开关电器厂行政楼
11	兴庆宫公园沉香亭	11	华峰面粉厂磨粉机楼
12	陕西省中医医院北楼群	12	西安市人民体育场门楼
13	陕西历史博物馆	13	西安电视塔
14	唐华宾馆	14	钟楼饭店
15	兵马俑一号俑坑展厅	15	丝绸之路群雕

三、城市文化遗产的合理利用

《中国文物古迹保护准则》指出:"合理利用是保持文物古迹在当代社会生活中的活力,促进保护文物古迹及其价值的重要方法,这已成为业内外的高度共识。"《准则》解释道:"利用是指延续文物古迹的原有功能或赋予新的适当的当代功能。合理利用是指以不损害文物本体及其环境,不损害文物古迹价值为前提的利用。对文物古迹进行研究,认识相关历史、文化内涵,展示文物古迹的价值,发挥教育功能也是一种合理利用方式。"《北京宪章》也指出:"宜将规划建设、新建筑的设计、历史环境的保护、一般建筑的维修与改建、古旧建筑合理地重新使用……纳入一个动态的、生生不息的循环体系之中。"

文化遗产有静态与活态之分。所谓静态遗产,通常指古遗址、古遗存,它们是历史的化石,具有典型的不可再生性,往往采用原封不动的保护方式,即尽量保持、维持遗址现状,并预防自然因素、人为因素的侵扰和损害,例如西安半坡遗址(图7-4-2)、成都金沙遗址、新疆高昌故城遗址、陕西潼关古城西门遗址等。

活态遗产,是指活在人类现实生活中的文化遗产,它们是充满活力的,是动态的,处于发展变化中,故也称为动态遗产。这类遗产既有历史性城市、历史城区、历史街区,如已列入世界遗产的丽江古城、平遥古城;也有被活化利用的文物建筑和历史建筑。如果说静态遗产具有旅游、参观、

图7-4-2　西安半坡遗址
(来源:王军 摄)

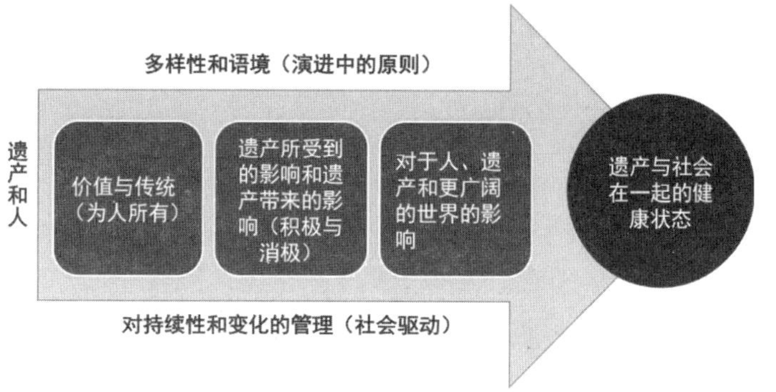

图7-4-3 关注遗产和社会的整体健康（来源：国际文化财产保护与修复研究中心ICCROM）

教育、宣传、科学研究等方面的功用，那么活态遗产除了这些功用以外，其区别于静态遗产的最大特点，就是与人们的日常生活息息相关，甚至是现实生活的基础和组成。国际文化财产保护与修复研究中心（ICCROM）提出，文化遗产保护重点应从"古迹保护"转向"将保护作为遗产管理工作的一部分"，并进一步向"关注遗产与社会的整体健康状态"迈进，这一观点具有典型的代表性（图7-4-3）。

当前，我国历史城区、历史街区中的大部分传统建筑都处于使用状态，尽管从文化遗产保护角度看，它们的使用状态参差不齐，但如果将它们全部空置出来，从生活中剥离开来，却是不可想象的。建筑遗产不乏优秀的再利用案例，如厦门鼓浪屿文物建筑"海天堂构"被辟为"万国建筑博览馆"（图7-4-4），烟台市烟台山原使领馆建筑被辟为"京剧艺术馆"（图7-4-5）。被列为第六批全国重点文物保护单位的京杭大运河，其历史可追溯至两千多年前，穿越我国两大经济带，至今对沿岸城镇仍在航运、排洪、灌溉、输水等方面发挥着重要的作用，堪称活着的、流动的文化遗产。如何保护和利用好大运河，使沿河古城、文物、景观得到保护并继续焕发活力，是需要从宏观着眼、在微观落实的课题。

当然，文化遗产的合理利用是有前提条件的。《中国文物古迹保护准则》指出："文物古迹的利用必须以文物古迹安全为前提，以合理利用为原

图7-4-4 鼓浪屿"海天堂构"（来源：王军 摄）

图7-4-5 烟台山文物建筑再利用（来源：王军 摄）

则。""文物古迹具有不可再生的特点。合理利用必须根据文物古迹的类型、价值特征、对使用的承受能力，选择利于展现文物古迹价值，又不损害文物古迹的利用方式。"

文化遗产的合理利用，除了从静态遗产、活态遗产的角度分析外，城市中某些废弃的旧建筑的再利用问题也值得关注，如工业遗产的再利用。我国自20世纪90年代起推行的"退二进三"（缩小第二产业，发展第三产业）政策实施过程中，大量工厂停产、搬迁，许多有价值的工业建筑面临毁弃，有学者呼吁到："尽快甄别和抢救濒危工业遗产……制定合适的修复与再利用计划。"[①] 在西方国家，许多地方都保留着颇具规模的老工业区或旧码头区，如荷兰阿姆斯特丹、美国旧金山、德国鲁尔等，它们将厂房、仓库、车站、矿区改造为商店、学校、旅馆、公园为市民服务，或改造为博物馆供人参观。波兰第三大城市罗兹，是近代兴起的一座工业城市，如今有大量厂房被改造再利用，典型代表如Manufaktura商业中心（图7-4-6）。近年来，我国也出现了一批工业遗产再利用的案例，如北京798、中山岐江造船厂、沈阳铁西区、西安大华纱厂（图7-4-7）等。最新观点认为，应将保护与利用的二元关系转换为更完整的遗产价值与人的关系，使人的活动从一般性的接触到欣赏，从欣赏到深入理解，由于理解而关注，进而可能参与遗产保护中，又因参与达成认同，由认同到建立合作，形成一个良性循环过程。

图7-4-6 波兰罗兹Manufaktura商业中心（来源：王军 摄）

图7-4-7 西安大华纱厂改建（来源：王军 摄）

---

① 俞孔坚. 关于中国工业遗产保护的建议. 景观设计，2006（4）：70-71.

参考文献

[1] 吴良镛. 人居环境科学导论. 北京: 中国建筑工业出版社, 2001.
[2] 吴良镛. 建筑、城市、人居环境. 北京: 清华大学出版社, 2003.
[3] 吴良镛. 国际建协《北京宣言》——建筑学的未来. 北京: 清华大学出版社, 2002.
[4] 单霁翔. 文化遗产保护与城市文化建设. 北京: 中国建筑工业出版社, 2009.
[5] 董鉴泓, 阮仪三. 名城文化鉴赏与保护. 上海: 同济大学出版社, 1993.
[6] 张松. 历史城市保护学导论: 文化遗产和历史环境保护的一种整体性方法(第2版). 上海: 同济大学出版社, 2008, 3.
[7] 贺业钜. 中国古代城市规划史. 北京: 中国建筑工业出版社, 1996.
[8] 陈宇飞. 城市文化概论. 北京: 文化艺术出版社, 2008.
[9] 吴志强, 李德华. 城市规划原理(第4版). 北京: 中国建筑工业出版社, 2010, 9.
[10] 梁思成全集. 北京: 中国建筑工业出版社, 2001.
[11] 张先得. 明清北京城垣和城门. 河北教育出版社, 2003.
[12] 钟纪纲. 巴黎城市建设史. 北京: 中国建筑工业出版社, 2002.
[13] 张京祥. 西方城市规划思想史纲. 南京: 东南大学出版社, 2005.
[14] 杨丽萍. 城市文化手稿. 郑州: 大象出版社, 2008.
[15] 王军. 古都建设与自然的变迁. 西安: 西安地图出版社, 2003.
[16] 孙逊, 陈恒. 城市与城市生活. 上海: 生活·读书·新知三联书店, 2017.
[17] 饶会林. 城市文化与文明研究. 北京: 高等教育出版社, 2005.
[18] 鲍宗豪等. 文化: 国际大都市的灵魂. 上海: 上海社会科学出版社, 2004.
[19] 郑崇选, 荣跃明. 上海文化发展报告(2017). 北京: 社会科学文献出版社, 2017.
[20] 王国平. 城市决策论. 杭州: 杭州出版社, 2019.
[21] 中国古代建筑史(五卷本)(第2版). 北京: 中国建筑工业出版社, 2009, 12.
[22] 吴庆洲. 中国城市营建史书系. 北京: 中国建筑工业出版社, 2010.
[23] 吴庆洲. 中国古城营建与仿生象物. 北京: 中国建筑工业出版社, 2013.
[24] 吴庆洲. 建筑哲理、意匠与文化. 北京: 中国建筑工业出版社, 2005.
[25] 刘育东. 建筑的涵意: 在电脑时代认识建筑. 天津: 天津大学出版社, 台北: 建筑情报季刊杂志社, 1999.
[26] 孙宗文. 中国建筑与哲学. 南京: 江苏科学技术出版社, 2000.
[27] 谭元亨. 城市建筑美学. 广州: 华南理工大学出版社, 2004.
[28] 陆翔等. 北京四合院. 北京: 中国建筑工业出版社, 2002.
[29] 徐潜. 中国古代皇家园林. 长春: 吉林文史出版社, 2014.
[30] 张家骥. 园冶诠释. 太原: 山西人民出版社, 1993.
[31] 南怀瑾. 白话易经. 长沙: 岳麓书社, 1989.

［32］国际古迹遗址理事会中国国家委员会．中国文物古迹保护准则．北京：文物出版社，2015．

［33］厉国刚．大众传媒文化．杭州：浙江工商大学出版社，2011．

［34］（美）刘易斯·芒福德．城市发展史——起源、演变和前景．宋俊岭、倪文彦译．北京：中国建筑工业出版社，2005．

［35］（美）刘易斯·芒福德．城市文化．宋俊岭等译．北京：中国建筑工业出版社，2009．

［36］（美）L·贝纳沃罗．世界城市史．薛钟灵等译．北京：科学出版社，2000．

［37］（美）凯文·林奇．城市意象．方益萍等译．北京：华夏出版社，2001．

［38］（美）凯文·林奇．城市形态．林庆怡等译．北京：华夏出版社，2001．

［39］（澳）德波拉·史蒂文森．城市与城市文化．李东航译．北京：北京大学出版社，2015．

［40］（美）理查德·瑞吉斯特．生态城市——建设与自然平衡的人居环境．王如松，胡聃译．北京：社会科学文献出版社，2002．

［41］（美）丝维奇·沙森．全球城市：纽约 伦敦 东京．周振华等译．上海：上海社会科学出版社，2005．

［42］（美）约翰·M·利维．现代城市规划（第五版）．孙景秋等译．北京：中国人民大学出版社，2003．

［43］（荷兰）根特城市研究小组．城市状态：当代大都市的空间、社区和本质．敬东译．北京：中国水利水电出版社，知识产权出版社，2005．

［44］（澳）阿德里安·富兰克林．城市生活．何文郁译．南京：江苏教育出版社，2013．

［45］（日）原广司．世界聚落教示100．于烨等译．北京：中国建筑工业出版社，2003．

［46］（丹麦）扬·盖尔．交往与空间（第4版）．何人可译．北京：中国建筑工业出版社，2003．

［47］（丹麦）扬·盖尔，拉尔斯·吉姆松．公共空间·公共生活．汤羽扬译．北京：中国建筑工业出版社，2003．

［48］（英）派屈克·纳特金斯．建筑的故事．杨惠君译．北京：中国建筑工业出版社，2001．

后 记

本书的两位作者均为西安建筑科技大学教师，分别从事文化产业管理专业和建筑学专业的教学及研究工作。在古都西安二十多年的学习、工作、生活经历，以及在海外游学、生活的所见所闻所感，使作者对于城市文化的关注成为常态和习惯。尤其是自2010年学校设立文化产业管理本科专业以来，两人一直共同讲授《城市文化概论》课程，于是便产生了就城市文化某些问题一探究竟的念头，遂着手将研究心得诉诸笔端。

本书从酝酿、准备，到撰写、修改，至收尾、清稿，大致用了三年时间。最终完成是2020年春节期间，彼时正值新冠肺炎病毒猖獗，举国上下众志成城抗击疫情。2020年4月，随着国内疫情得到有效控制，书稿也终于完成并交付出版社。本书编写过程中，一方面借鉴了陈宇飞等学者的既有著述，详细阐述了城市文化的相关概念、基本理论以及中西方城市文化建设的典型案例；另一方面，也注重将作者的研究成果和亲身体验融入其中。此外，鉴于现有著述多集中于城市文化建设方面的讨论，较少论及城市文化的保护与传承，故专辟一章"城市文化遗产保护"，从而更立体地勾勒出城市文化问题的全貌。

本书的出版得到了西安建筑科技大学公共管理学院的大力支持与经费资助，作者在此表示感谢；还要感谢中国建筑工业出版社吴绫、张华两位老师，她们在本书的编辑、出版过程中给予了很大支持、付出了辛勤劳动；建筑学院黄磊老师、梁斌老师、硕士研究生张剑芳为本书提供了珍贵的照片，在此表示感谢；另外，博士研究生徐智祥、硕士研究生杨黄大树、周浩、陆金荣等承担了本书部分插图的绘制工作。

城市文化是宏大、深奥的命题，本书内容所及只是冰山一角，加之作者水平有限，难免有不当之处，敬请读者批评指正。